Katrin Dillenburger

Wir reiten, Midi!

Ein Mädchen, zwei Pferde und viele Kilometer

W0323906

Schneider-Buch

Genf, den 29. Juli

Ich könnte in die Luft springen vor Freude! Statt dessen sitze ich vor meinem Koffer und überlege, was ich einpacken soll.

Der Grund meiner überdimensionalen Freude: Ich darf nach Frankreich reisen! Einfach so. Gestern fragte mich Papa, ob ich Lust hätte, die Ferien in Arles zu verbringen. Und schon morgen werde ich fliegen! Es ist einfach nicht zu fassen!

Drei Wochen bei Paps' Freund in Arles, drei Wochen Camargue, Reich der Stiere, Pferde und Flamingos, Ferien unter strahlender Sonne am azurblauen Himmel.

Wie zu erwarten, hatte Mum eine Menge Einwände: Kristin ist doch erst fünfzehn, und der gefährliche Flug, und so ganz allein, und so weiter. Paps beruhigte sie, und es steht fest: ich darf.

Paps meinte nämlich ganz richtig, daß ich mein Französisch verbessern muß. Seit wir aus Deutschland in die Schweiz umgezogen sind, ist Französisch sehr wichtig geworden: Hier in Genf wird Französisch gesprochen.

Jetzt sitze ich vor meinem Koffer. Jeans und Bermudas, Hemden, T-Shirts und Wollpullover und sonst noch ein paar Sachen liegen schon drin.

Eben kam Mum rein und verlangte, daß ich auch noch einen Rock mitnehmen soll. Für festliche Gelegenheiten – wenn ich das schon höre! Und dann noch den karierten! Aber bitte, ich bin ja brav.

Hoffentlich kann ich in der Camargue reiten. Vielleicht darf ich eins der lebhaften weißen Pferde ausleihen, die in jedem Buch über Südfrankreich abgebildet sind. Das wäre etwas anderes als die müden Reitschulpferde hier.

Ein kurzer Abstecher in die Gegenwart: Schlafanzüge, Waschzeug, Jacke und Schuhe fliegen in den Koffer.

Das Flugticket steckt in meiner Manteltasche. Paps' Freund wird mich in Marseille abholen. Ich muß aber in Lyon umsteigen. Bis jetzt bin ich noch nie geflogen, und morgen gleich in zwei verschiedenen Flugzeugen... ich glaub, ich träume.

Mum kam eben zum zweitenmal rein und half mir, den Koffer ordentlich zu packen. Wie Mütter so sind, hat sie auch noch viel Zeug hineingetan, das ich bestimmt nicht brauchen werde. Der Koffer ist fertig, die bequeme Kleidung für den Flug liegt auf meinem Stuhl. Ich werde jetzt noch einen Rundbesuch machen, um mich von meinen Freundinnen zu verabschieden. Meiner besten Freundin, Babsi Sonntag, hab ich's schon erzählt. Sie sagte bloß: „Oh!" und beneidete mich gar nicht so glühend, wie ich es mir ausgemalt hatte. Sie verbringt ihre Ferien ja auch auf einem Bauernhof mit dem Pferd ihres Bruders; klar, daß sie nicht neidisch zu werden braucht. Aber die anderen werden große Augen machen und Mund und Nase aufsperren.

Adieu, Tagebuch, du kannst warten.

Zuerst im Flugzeug, dann in Arles, den 30. Juli

War das ein Trubel! Am frühen Morgen warf Paps den Koffer, Mum und mich ins Auto. Er wollte losfahren, aber das Auto wollte nicht. Paps fing an zu kochen vor Wut und wollte bereits ein Taxi bestellen, als unser Wagen kurz „tuff-knatter" machte und ansprang. In einem, hochdeutsch ausgedrückt, Mordstempo raste Paps zum Flughafen, wo wir nach kurzer Suche erstaunlicherweise sogar das richtige Flugzeug fanden. Paßkontrolle und Zoll hatten wir auch bald hinter uns. Paps und Mum gaben mir ein Abschiedsbussi, riefen: „Mach's gut, bleib gesund und schreib bald!", und dann betrat ich das Flugzeug.

Ein fescher Steward mit Schnurrbart wies mir einen Platz zu, nachdem er mir die Bordkarte geraubt hatte.

Mein Koffer macht die Reise allein, erst in Marseille werde ich ihn wiedersehen. Hoffentlich klaut ihn niemand.

Nun sitze ich also an einem winzigen Fenster und starre hinaus. Leider gibt's nicht viel zu sehen, denn es ist bewölkt. Hilfe! Jetzt sehe ich gar nichts mehr. Die Frau neben mir lacht, weil ich so erschrocken bin. „Wir durchstoßen gerade die Wolkendecke", erklärt sie. Langsam lichtet sich das dicke Grau, und die ersten Sonnenstrahlen spiegeln sich im Fenster. Wir fliegen immer höher. Draußen scheint die Sonne auf die Wolken. Ulkig sehen die von oben aus, wie Wattebäusche.

Ab und zu ist ein Loch in der grauen Schicht, die so fest aussieht, als könne man unbesorgt darauf herumlaufen. Durch diese Lücken kann ich Städte, Berge, Flüsse und Wiesen sehen, aber alles ist so winzig, daß sich meine Augen ganz schön anstrengen müssen.

Plötzlich sackt der Metallvogel ein Stück hinunter. Meine Nachbarin lächelt und sagt: „Keine Sorge, wir stürzen nicht ab. Das war nur ein Luftloch."

Mein erster Flug kommt mir sehr kurz vor. Schon ziemlich bald verliert das Flugzeug an Höhe und fliegt dann immer tiefer. Wir kreisen über Lyon. Wahrscheinlich kann der Pilot noch nicht landen, weil andere Flugzeuge im Weg sind.

Der Befehl zum Anschnallen tönt durch den Lautsprecher. Ich hatte mich gar nicht erst losgeschnallt, sicher ist sicher!

Da, unter uns liegt der Flughafen. Einige Landebahnen, das riesige Flughafengebäude und der Tower.

Meine Nebensitzerin lächelt mich an und fragt auf deutsch: „Bist du schon einmal in Frankreich gewesen?"

„Noch nie!" Ich schüttele mein ehrwürdiges Haupt. Da lächelt sie wieder und sagt: „Herzlich willkommen!"

Das finde ich nett.

Das Flugzeug setzt zur Landung an. Ein sanfter Ruck – wir sind in Lyon angekommen – und ich lebe noch!

So, jetzt sitze ich in einem anderen Flugzeug. Auf dem Lyoner Flughafen flitzte ich durch einige Gänge, fragte einige uniformierte Jünglinge um Rat und fand schließlich die Stelle, wo der metallene Vogel nach Marseille abfliegt. Daß ich das Umsteigen hingekriegt habe, macht mich ganz stolz.

Diesmal ist es übrigens eine Stewardess gewesen, die mir den Platz zugewiesen hat, aber fesch war sie auch: Locken, Stupsnase und eine freundliche Stimme.

Das Fliegen ist halb so dramatisch, wie ich es mir vorgestellt habe. Wenn man nicht rausguckt, merkt man gar nichts davon, daß man in der Luft schwebt; es fühlt sich an wie in der Bahn. Ein leises Vibrieren – das ist alles.

Zum Glück habe ich wieder einen Fensterplatz erwischt. Die Wolken, die mir vorhin die Sicht nahmen, haben sich verzogen. Bei genauem Hinsehen kann ich einen Fluß und viele grüne und bräunliche Flächen erkennen. Der Fluß ist bestimmt die Rhône. Auf der Landkarte zu Hause habe ich gesehen, daß die Rhône bei Lyon eine 90-Grad-Wendung nach Süden macht. In dieser Kurve mündet die Saône in den zweitlängsten, wasserreichsten Fluß Frankreichs. Wie man sieht, habe ich mich gründlich informiert.

Das Flugzeug steigt immer höher. Dies hier ist moderner als die vorige Ausgabe. Bald sind wir so hoch in der Luft, daß ich nicht mehr erkennen kann, was unter uns ist.

Plötzlich gerät meine Nase in Bewegung. Da haben wir's, sie riecht Kaffee. Die Stupsnasenstewardess kommt mit einem Stapel Tabletts, hinter ihr wandelt ein Steward mit zwei Kannen. Ein dritter schiebt einen Wagen mit Gläsern, Tellern und Plastiktassen durch die Reihen. Ich hab den leisen Verdacht, daß wir gefüttert werden sollen. Es ist, ein Blick auf die Uhr, genau halb eins.

„Du café, Mademoiselle?“ werde ich gefragt. Ich nicke, und eh ich mich versehe, sind auf dem herausklappbaren Tischchen vor mir ein Tablett, ein Teller und eine Tasse gedeckt. Eine braunschwarze Flüssigkeit, die immerhin so ähnlich wie Kaffee riecht, wird in die Tasse gegossen. Ein Zuckerwürfel plumpst in die Brühe, und Steward Nummer 1 gibt mir eine Minitüte voll Milch. Daraufhin verschwindet das Trio. Sie kommen aber alle drei bald wieder, diesmal mit Gebäck, Coca-Cola und Bier beladen. Das kostet jetzt Geld. Ich kaufe ein Päckchen Kekse.

Der Kaffee schmeckt wie Wasser, ist aber besser als nichts. Die Kekse stillen meinen Hunger nicht, und ich bin froh, daß mir meine kluge Mum Butterbrote mitgegeben hat. Sie retten mich vor dem Hungertod. Das bilde ich mir wenigstens ein, außerdem klingt es schön dramatisch.

Auf einmal spüre ich, daß es mit uns bergab geht. Der Metallvogel sinkt wieder. Wir nähern uns Marseille. Genaugenommen liegt der Flugplatz natürlich nicht mitten in Marseille. Aber hier landen eben die Flugzeuge, deren Passagiere nach Marseille wollen.

Von dieser Stadt habe ich schon einiges gehört. Bei den Römern hieß sie Massilia; Sehenswürdigkeiten: der Alte Hafen – le Vieux Port –, die Kathedrale und so weiter; Begehenswürdigkeiten: die Canebière, Haupt- und Prachtstraße; Essenwürdigkeiten: die Bouillabaisse, aus Meerestierchen und Fischen gemacht, na, und so weiter – Paps' Freund, Monsieur Legrand, wird kaum Lust haben, mich in der verkehrsreichen Großstadt herumzukutschieren.

Während ich hier das unschuldige Papier vollkritzelte, sind wir gelandet. Ich raffe also meine Siebensachen zusammen und spurte zum Ausgang.

Ein Bus bringt uns zum Flughafengebäude. Dort muß ich meinen Paß vorzeigen und werde dann in eine Halle geschickt, in der ich meinen Koffer wiederbekomme. Er ist noch heil und unversehrt.

Dann trägt mich die Rolltreppe ein Stockwerk höher. Hier

warten eine Menge Leute auf ihre Verwandten und Bekannten. Um mich herum umarmen sich wiedervereinte Ehepaare, küßt Oma den lieben Enkel, und die Familie begrüßt den Gast aus der Ferne.

Ich komme mir langsam vor wie bestellt und nicht abgeholt. Irgendwo müssen Legrands doch stecken? Ich sehe mich um, et voilà! Dort drüben entdecke ich einen freundlich, aber etwas hilflos lächelnden Mann und eine rundliche Frau, die sich suchend umsieht. Sie halten ein Pappschild hoch, auf dem *Kristin Stein* steht. Wenn mich nicht alles täuscht, bin ich das. Ich bewege mich also auf das Paar zu.

„Bonjour", die beiden sehen mich fragend an, als ich das sage. „Je suis Kristin, êtes-vous Monsieur et Madame Legrand?"

Es geschehen noch Wunder – die zwei verstehen mein Schulfranzösisch. Der Mann grinst breit und schüttelt mir die Hand.

„Oui, oui, isch bin 'err Legrand", stellt er sich vor, „und das meine Frau! Willkommen in France, Mademoiselle."

Er ist sehr stolz auf sein Deutsch. Madame begrüßt mich auf französisch; ich verstehe zwei Drittel davon. Sollte das Ehepaar anfangen, provenzalisch zu reden, so wäre ich mit meinem Latein am Ende.

Wir gehen auf den Parkplatz, wo das kleine Auto der Legrands wartet. Auf einmal springt die Wagentür auf, und ein etwa vierzehnjähriges Mädchen hüpft mit einem Hund heraus. Beide stürmen auf mich zu. Während der zottelige Hund um meine Beine herumwuselt, schüttelt mir das Mädchen ausgiebig die Hand. Wahrscheinlich hat ihr der Papa erzählt, die Deutschen schüttelten sich bei jeder Gelegenheit die Hände, was bekanntlich in Frankreich nicht ganz so ist. „Bonjour, Kristin", sagt das Mädchen und bespickt dabei meinen Namen so mit Nasalen, daß ich ihn nur mit Mühe wiedererkenne. Der Hund, langhaarig, groß und freundlich, schnüffelt derweil an meinen Wildlederstiefeln. Die Eltern Legrand verstauen das Mädchen, den Hund, meinen

Koffer und mich auf den Rücksitz ihres Autos. Ich bin zwischen Hund und Koffer eingeklemmt und freue mich herzlich, als Monsieur Legrand meint, die Fahrt werde etwa zwei Stunden dauern. Ob ich bis dahin ersticke? Na ja, wird schon schiefgehen! Das Mädchen fragt mich zuerst aus und fängt dann zu erzählen an. Sie ist wirklich vierzehn und heißt Marie-Catherine, aber ich soll sie Marie nennen.

Der große Hund gehört ihr, heißt Chéri und ist selbstverständlich der klügste, beste Hund der Welt.

Ich kann ihr kaum zuhören, da der vierbeinige Liebling abwechselnd meine Stiefel beknabbert und meine Hände leckt.

Plötzlich quiekt Marie auf. „Regarde, Kristin, c'est Arles! Ce que tu vois là..."

Pardon, Marie, ich sehe überhaupt gar nichts und weniger, denn der humorvolle Chéri sitzt zur Abwechslung auf meinem Schoß und nimmt mir die Sicht. Und der Gute wiegt sicher seine zwei Zentner.

Schließlich hält das Auto an, wir sind da! Legrands wohnen in einem niedrigen, weißgekalkten Haus, ganz auf ‚cabane' getrimmt. (Cabanes sind die typisch camarguischen Hütten der Gardians; Gardians sind hier die Hüter der Herden.)

Das Haus ist einfach, aber mir gefällt es gerade deshalb. Es liegt etwas außerhalb von Arles an einer schmalen Landstraße. Es ist wundervoll ruhig hier, da nur noch wenige andere Häuser an der Straße liegen.

In Maries Zimmer wird ein zweites Bett gerückt, da werde ich schlafen; meine Sachen kommen in eine rustikale Kommode.

Madame Legrand fordert mich auf, mich ganz wie zu Hause zu fühlen. Das kann ich einfach nicht. Hier ist es ganz anders. Zu Hause bin ich nicht so in Ferienstimmung. Hier habe ich schon zwei Gardians gesehen, auf der anderen Seite der Straße. Sie saßen auf schönen weißen Pferden und trieben ein paar Babystiere – oder sagt man da Kälber? – vor sich her; die waren ziemlich frech, obwohl sie noch ganz mini waren und statt kräftigen, lyraförmig gebogenen Hörnern nur Stummel hatten. Die Gardians waren immer aufmerksam und trieben alle Naselang ein Rindvieh zurück, wobei sie manchmal in Sekundenschnelle ihre Pferde herumwarfen. Die können reiten.

Ich stehe gerade am Fenster und betrachte die flache Landschaft. Eben kam Monsieur Legrand herein, nickte mir freundlich zu und fragte mich, ob es mir hier gefalle. Wahrheitsgemäß sagte ich ja.

Er erzählte mir ein bißchen über seine Heimat hier und wollte dann wissen, ob ich Pferde gern hätte.

„Ja, sehr. Zu Hause reite ich viel. Wenn die Besitzer keine Zeit haben, putze und pflege ich dort zwei Pferde, dafür darf ich dann einmal in der Woche eine Stunde reiten. Die Pferde sind aber größer als die Camarguais."

„Besonders groß sind unsere vielleicht nicht", gab er zu, „aber stark und widerstandsfähig. Sie halten jedes Wetter im Freien aus und sind genügsam im Futter. Früher hatte ich einen Wallach, sieben Jahre lang, und nie war er krank. Robust, klug und trittsicher, das sind die Vorteile unserer Camargue-Pferde!"

Ich freute mich, daß Monsieur offensichtlich auch ein Pferdefreund war. „Warum haben Sie jetzt kein Pferd mehr?"

„Als der Wallach an Altersschwäche einging, mochte ich nicht mehr, außerdem fürchtet sich meine Frau vor Pferden, davon hab ich sie nie abbringen können." Er zuckte mit den Schultern, aber sein Blick war sehnsüchtig. Ich glaube, er hätte sehr gern wieder ein Pferd.

Inzwischen ist es Abend geworden. Marie und ich sitzen vorm Haus, um den Sonnenuntergang zu sehen.

Marie will unbedingt wissen, was ich immerzu schreibe. Ich erkläre ihr, daß ich meine Erlebnisse während der Ferien aufschreibe. Vermutlich werde ich es nie wieder lesen, höchstens als Urgroßmutter, aber mir macht es Spaß.

„Eh, un journal intime?“

Ja, Marie, ein Tagebuch.

Die Sonne geht unter. Der Himmel ist in glühendes Rot getaucht, Grashalme rascheln leise im Wind, ein Reiter bewegt sich als schwarze Silhouette am Horizont.

Marie schaut andächtig, sie kennt den Anblick zwar, aber er fasziniert immer wieder.

Wir reden nicht, nur die verflixten Mücken surren. Langsam verschwinden auch die, und es wird kühler.

„Allons!“ sagt Marie. Wir gehen ins Haus zurück und werden sofort an den schweren, hölzernen Eßtisch gelotst, wo wir Leckerbissen in Massen vorfinden. Marie und ihre Eltern stürzen sich mit unvermindertem Appetit darauf, obwohl der Tag sehr heiß war. Alle drei trinken Rotwein dazu. Ich bekomme einen Teller Froschschenkel vorgesetzt. Die habe ich noch nie gegessen, und man sollte sie auch nicht essen. Doch wenn ich zu Legrands sagen würde: die Frösche tun mir leid, so viel Sterben für eine Mahlzeit, dann würden sie den Kopf schütteln oder leise lachen. Ändern kann ich es jetzt nicht, daß in Frankreich immer noch Froschschenkel gegessen werden.

Wir essen dazu baguette, das französische Weißbrot, und Käse und Obst und einiges mehr, bis ich mich wie eine Tonne fühle. Auf Rotwein verzichte ich allerdings, denn nach Alkohol kann ich nicht schlafen.

Nach der ausgiebigen Freßorgie hockten sich alle vor den Fernseher. Nachdem Filmboy endlich gerettet ist, atmet die Familie auf und schickt sich an, ins Bett zu gehen.

Arles, den 31. Juli

Als ich gestern hier ankam, dachte ich bei dem Wort Camargue noch an Sümpfe, Salzebenen, Pferde, Stiere, Flamingos und seltene Vögel wie etwa den Seidenreiher.

Diese Meinung mußte ich ziemlich schnell ändern. Es gibt das alles zwar noch, aber nur im Naturschutzgebiet um den Etang de Vaccarès. Hier, nur wenige Kilometer von Arles entfernt, wurde die Camargue kultiviert. Auf Feldern wird Wein, Lavendel, Gemüse und Obst angebaut, die Sümpfe wurden trockengelegt und in Reisfelder verwandelt. Die weißen Pferde habe ich getroffen, ja. In einem Ständer, schon gesattelt und getrenst, warteten sie auf finanziell gutgestellte Touristen. Schwarze Stiere? Ja, in einem kleinen Korral. Stier- und Pferdeherden, wild und frei?

Nein!

Dafür ist alles auf Touristen eingestellt: Besichtigung der Arena von Arles... das antike Theater... das Portal der Kirche St. Trophime... ein Stündchen auf einem Camargue-Schimmel, den frisch gekauften Gardianhut auf dem Kopf.

Das alles ist äußerst touristisch, aber die Camargue lernt man dabei nicht kennen. Finde ich.

Schade ist, daß man nicht in das Naturschutzgebiet darf. Um die Vögel nicht aufzuschrecken, sagte Monsieur Legrand.

Die beiden Gardians, die ich gestern gesehen habe, arbeiten für einen Patron, der ein Stück Vergangenheit festhalten will.

Er besitzt noch ziemlich große Herden – manade genannt – von Stieren und Pferden. Die starken schwarzen Stiere mit den lyraförmig gebogenen Hörnern vermietet er an die Arenen von Arles und Les Saintes-Maries-de-la-Mer für den unblutigen provenzalischen Stierkampf. Die Pferde vermietet er an Touristen, leider, denn Leihpferde machen auf mich immer einen gedemütigten Eindruck.

Nur wenige Stierzüchter halten ihre Tiere noch halbwild. In Korralen und eingezäunten Weiden geht es anscheinend einfacher. Obwohl es in der Camargue ein großes Vogelschutzgebiet gibt, kenne ich keinen Platz für freie, wilde Pferde und Rinder. Ich stimme für ein Pferdeschutzgebiet!

Warum können die Menschen nie ein Gebiet in seinem natürlichen Zustand lassen?

Marie wanderte den ganzen Vormittag mit mir herum, um mir die Gegend zu zeigen. Sie ging mit mir auch nach Arles und führte mich zur Arena, zum antiken Theater und zur Kirche St. Trophime.

In der Arena kletterten wir auf den Tribünen unter den steinernen Bögen herum. Die Steinbänke wurden durch eiserne Gestelle mit Holzbrettern ergänzt, weil sonst nicht genug Zuschauer Platz gefunden hätten.

Marie und ich wollten auch noch in das Oval, wo der Stierkampf stattfindet. Das ging aber nicht, weil die rot angemalte Bande zu hoch war. Der Gedanke an die vielen Stiere, die hier bei einer corrida muerte ihr Leben gelassen hatten, jagte mir einen Schauer über den Rücken. Und bei den alten Römern waren es nicht nur Stiere...

Ein letzter Blick auf die Arena: Die alten Römer haben sich immerhin viel Mühe gegeben, eine schöne Kulisse für Mord und Totschlag zu bauen.

Weiter ging's zum antiken Theater. Leider konnten wir davon nicht mehr als ein paar abbröckelnde Steine sehen, weil es gerade restauriert wird; deshalb durften wir nicht hinein. So kaufte ich mir eine Postkarte und bewunderte das Theater auf einem Foto.

Marie zeigte sich als eifrige Fremdenführerin. Sie lotste mich weiter durch die engen, grauen Gassen zum Marktplatz. Neben der Arena und dem Theater ist er wohl der berühmteste Fleck von

2 9944-10

Arles. In der Mitte steht ein Obelisk aus weißlichem Stein, den man aus der Rhône gefischt hat.

Bevor ich Marie zur Kathedrale folgte, guckte ich mir das Rathaus an. Es hat eine wunderschöne Vorderseite. Um alle Steinfiguren einzeln anzusehen, brauchte man Stunden.

Marie wartete ungeduldig. Sie liebt St. Trophime. Sie erzählte mir, daß die Kathedrale im 12. Jahrhundert erbaut worden sei und das Berühmteste an ihr das Portal sei und so weiter. Ihre Augen hingen forschend an meinem Gesicht: ob ich die Kathedrale auch bestimmt schön fände?

Das Portal der Kirche ist tatsächlich einmalig.

Ich dachte gerade daran, wieviel Mühe es gekostet haben muß, all diese Bögen und Säulen, Menschen und Tiere aus Stein zu schaffen, als mich Marie auch schon aus dem Gewimmel knipsender Touristen in die Kirche hineinzog. Die dick gepolsterte Tür neben dem Portal schlug dumpf hinter uns zu. Aus dem strahlenden Sonnenschein kamen wir in kühles Dunkel. Wir gingen zu dem schlichten Altar, der genau von den Sonnenstrahlen getroffen wurde, die durch das kleine Fenster über dem Portal schienen und den Altar zum hellsten Platz der Kirche machten.

Durch die bunten Glasfenster im Chor des Kirchenschiffes drang kaum Licht herein; deshalb blendete uns die Sonne um so mehr, als wir wieder aus der Kathedrale heraustraten.

Wenig später fand ich mich außerhalb von Arles' Mauern wieder, auf einer von knorrigen alten Platanen gesäumten Straße. Marie strahlte mich an: ob ich *ihr* Arles jetzt kenne?

Ich mußte einfach ja sagen. Aber ich nahm mir vor, später noch einmal allein durch die engen Gassen zu schlendern und Arles in Ruhe anzusehen. Marie hat sich viel Mühe gegeben, aber das Ganze ging einfach ein bißchen zu schnell.

Nachmittags. Wir haben heute früher zu Mittag gegessen, weil Monsieur Legrand eine Überraschung für mich hatte. Er sagte vage, daß er der Tochter seines alten Freundes eine Freude machen wolle. Später rückte er damit heraus: wir werden nach Saintes-Maries-de-la-Mer fahren!

Dafür wäre ich ihm fast um den Hals gefallen. Saintes-Maries, Ort der Zigeunerwallfahrten, Meer, Fahrt durch die Camargue... Klasse! Eine Stunde, bevor wir losfuhren, gab mir Marie ein Buch über die Camargue. Sie wolle es mir schenken, sie habe es doppelt. Nach einigem Hin und Her habe ich es angenommen. Ich finde die Legrands einfach mordsnett!

Das Buch heißt *Camargue bien-aimée*, also *Geliebte Camargue*, und ist wirklich sehr interessant. Was da alles drinsteht über das Land zwischen Land, Sumpf und Meer, ist enorm. Der Schriftsteller muß die Camargue sehr gut kennen. Als ich das festgestellt hatte, sah ich nach, wer es geschrieben hat. Henry Aubanel. Als ich Marie fragte, ob Aubanel in Frankreich bekannt sei, zuckte sie die Achseln und grinste.

„Wir kennen seine Bücher jedenfalls, drei davon zumindest. Die Fotos sind toll. Ich mag besonders das, auf dem die Pferde mit flatternder Mähne auf einen zu galoppieren. Pierre Aubanel hat sie gemacht, der Sohn."

Als ich sie fragte, weshalb sie so grinse, lachte sie vergnügt und sagte: „Ich habe das Buch noch einmal gelesen. Rat mal, was da drin steht, ganz hinten? Henry Aubanel wohnt bei Saintes-Maries, genauer gesagt: Mas Simbéu. Was sagst du dazu?"

Erst einmal nichts, aber ich dachte dafür um so mehr.

„Erraten!" Marie grinste frech. „Wir fahren hin. J'ai dit au papa: Dann kann Kristin ein Autogramm von Henry Aubanel bekommen. Und Papa war einverstanden: oui, d'accord!"

Wir fahren also hin. Jubilare!

Marie sagte, daß sie Monsieur Aubanel auch nicht kennt und für ihre Bücher ebenfalls um eine ‚signature' bitten will.

Um halb zwei geht's los!

Da bin ich wieder! Was haben wir alles erlebt!

Auf dem Weg nach Saintes-Maries fuhren wir die ganze Zeit durch die Ebene. Soviel ich weiß, ist die Camargue überall flach. Wir kamen an Feldern, morastigem Boden und Etangs vorbei. Je näher wir dem Wallfahrtsort kamen, desto häufiger sahen wir Touristen auf Camargue-Pferden. In Verleihbetrieben standen Pferde mit Sattel und Kandare in der prallen Sonne. Ab und zu war auch ein Brauner oder ein Schecke dabei, aber das waren sicher Kreuzungen.

Schließlich kamen wir in Les Saintes-Maries-de-la-Mer an und parkten zwanzig Meter von der See entfernt. Eine Menge Leute vergnügten sich planschend und mit viel Geschrei im Wasser. Das Mittelmeer schäumte. Ich würde mir solchen Krach auch nicht gefallen lassen.

Mein erster Eindruck von dem Ort: eine wuchtige Kirche, viele weiße kleine Häuser und Millionen von Postkarten und Souvenirs.

Auf dem Weg zur Wallfahrtskirche fragte mich eine bunt gekleidete Zigeunerin, ob sie mir aus der Hand lesen solle.

So höflich wie möglich sagte ich: „Non, merci."

Glaubte sie vielleicht, daß ich mir meinen baldigen Tod prophezeien lassen will?

Um in die Festungskirche mit den dicken Mauern hineinzukommen, mußten wir eine kleine Seitentür benutzen. In einer der Seitennischen der dunklen Kirche fanden wir die ‚Heiligen Marien', ein sehr buntes Kunstwerk, das zwei Frauen in einem Boot sitzend darstellt. Die Legende geht so, daß die Marien – die Schwester der Jungfrau Maria und die Mutter des Apostels Jakobus d. Ä. – in einem kleinen Boot aufs Meer hinaus mußten, weil sie Palästina verlassen mußten. Hier in Saintes-Maries wurde das Boot an Land getragen. Eine schwarze Dienerin begleitete sie, Sarah, die zur Schutzheiligen der Zigeuner wurde.

Auf Bildern von der jährlichen Wallfahrt im Mai habe ich

gesehen, daß dabei eine Statue der Sarah ins Meer getragen wird. Diese Figur sahen wir, als wir ein paar Stufen zu einer kleinen Gruft hinunterstiegen.

Dort stand die Statue der heiligen Sarah, man hatte ihr prächtige bunte Kleider angezogen. Ihre Gesichtsfarbe bröckelte schon etwas ab. Viele Gitans – Zigeuner – hatten weiße Kerzen vor sie hingestellt und angezündet. Das unruhig flackernde Licht war eine schöne Beleuchtung für die Statue. Es spiegelte sich auch im Gesicht eines kleinen braunen Jungen wider, der davor kniete. Neben der Statue stand ein einfacher Altar und wieder überall Kerzen.

Die stille Andacht, die sonst in vielen Kirchen herrscht, wurde hier von den vielen Touristen regelrecht zertrampelt. Als wir wieder aus der Kirche herauskamen, hatte ich das Gefühl, ein Museum angesehen zu haben, keine Kirche.

Dann fragten wir eine Verkäuferin in einem Souvenirladen, ob sie wisse, wo das Haus des Henry Aubanel ist. Sie wußte es, und wir machten uns nach ihren Hinweisen auf den Weg.

Wenige Kilometer hinter Saintes-Maries zeigte uns ein Schild den Weg: Le Simbéu. Promenades à cheval.

Auch du, mein Sohn Henry? dachte ich erstaunt (Cäsarzitat). In seinem Buch hatte Monsieur Aubanel nämlich angedeutet, daß er das Verleihen von Camargue-Pferden an Touristen ablehnt. Na ja, er wird seine Gründe haben, weshalb er es sich anders überlegte.

Der Hof des Schriftstellers und Stierzüchters bestand aus zwei Cabanes, einem langen Ständer für etwa zwanzig Pferde und einem ungefähr dreißig Meter entfernten Korral. Dazwischen und rundherum waren überall Weiden. Hinter dem Gehöft floß ein Bach vorbei, dann kam ein Wall, dahinter Strand und Meer. Diese Lage fand ich ideal.

Wir gingen zu dem niedrigen, weißgekalkten Wohnhaus und klopften an. Eine freundlich lächelnde Frau tauchte auf.

„Wir würden gern Monsieur Aubanel sprechen“, sagte Vater Legrand auf französisch.

Die Frau sah uns erstaunt an und fragte, was wir von ihm wollten. Ach, nur Autogramme. Ihr Vater, sagte sie – und wurde deshalb von uns als Aubanels Tochter eingestuft –, käme erst gegen halb fünf wieder.

Es war aber erst drei. Auf einmal fragte Maries Vater seine Tochter und mich, ob wir reiten wollten. Na klar! Marie strahlte, und ich muß gestehen, daß es mich schon eine Weile danach juckte, genauer gesagt, seitdem ich die Pferde am Ständer gesehen hatte. Monsieur Legrand lächelte und fragte die Tochter Aubanel, ob wir drei Pferde für einen einstündigen Ausritt bekommen könnten. In einer Viertelstunde käme der Gardian mit der Gruppe wieder, sagte sie, dann könnten wir mit ihm ausreiten. Daß der Gardian mitkommen sollte, leuchtete uns ein, weil wir uns in der Gegend ja nicht auskannten.

Marie und ich verbrachten die Wartezeit damit, die Pferde zu streicheln. Es waren ein paar Schimmel, ein Brauner und ein Schecke, mit dichter, weicher Mähne, schönem Schweif und klaren, muskulösen Beinen.

Neugierig, wie ich bin, wanderte ich danach zu dem Korral. Vor dem Holzpalisadenzaun grasten einige Schimmel, die sich gutmütig streicheln ließen. Im Korral waren zwanzig oder mehr braunschwarze Kälber mit Stummelhörnern. Ein paar räkelten sich auf dem graslosen Erdboden, andere hoben neugierig den Kopf, als wollten sie fragen, was für ein Mensch da hereinlinse. Ich konnte mir kaum vorstellen, daß diese harmlosen Tiere einmal den Stierkämpfern Furcht einjagen sollten… oder mal geschlachtet werden? Hoffentlich nicht.

Dann kamen die Pferde vom Ausritt zurück.

Das zweite Pferd gefiel mir am besten. Mit munter hochgehobenem Kopf und lebhaft spielenden Ohren trabte es heran. Der Wallach war wohlgenährt, während einige der anderen sehr dünn waren, und hatte eine lange, schneeweiße Mähne.

Der junge Gardian ritt ein lebhaftes Pferd, das dauernd den Kopf schüttelte. Es war das einzige, das einen originalen Gardiansattel trug. Dieser Sattel hat so hohe Trachten, daß Herunterfallen fast unmöglich erscheint. Die Steigbügel sehen auch anders aus, als sie ein Reitschüler gewohnt ist. Sie bestehen nicht nur aus einem schmalen Metallstück, sondern nehmen den Fuß bis zur Hälfte auf, mit einer Art Gitter. Wer nur den Vielseitigkeitssattel kennt, mag einen camarguischen Sattel seltsam finden, aber bequem ist er sicher. Mein Favorit, der hübsche Wallach, trug einen gewöhnlichen Sattel und war auf blanke Kandare gezäumt. Wenn man dann am Zügel reißt, verletzt man das Pferd im Maul, fügt ihm große Schmerzen zu und kann es für immer verderben. Deshalb sind mir Trensen lieber. Aubanel schreibt allerdings in einem Buch, daß ein Camarguais besser mit Kandare geritten wird, weil er zu steife Ganaschen hat – das ist die Übergangsstelle Kopf–Hals.

Der Gardian stieg ab und half den anderen Leuten, ihre Tiere anzubinden. Manche stellten sich dabei reichlich ungeschickt an, oder sie gingen weg und ließen ihre Pferde einfach stehen. Marie und ich halfen dem jungen Mann beim Anbinden. Als wir fertig waren, fragte er: „Sind Sie auch zum Reiten da?"

Monsieur Legrand nickte und sagte: „Dreimal eine Stunde, bitte."

Der Gardian gab Marie die Zügel eines Schimmelwallachs mit Schwanenhals in die Hand, Monsieur Legrand bekam den rundlichen Braunen und ich den Wallach mit der langen Mähne.

Der Schimmel heiße Moustang, sagte der Gardian.

Außer uns vieren ritt niemand mit, das war Klasse, denn vorher war es eine Gruppe von zwanzig Personen gewesen. Wir saßen auf und ritten an. Die Pferde gingen im Schritt über einen morastigen Weg, dann durchquerten wir den Wall an einem Einschnitt und kamen zum Strand.

„Können Sie alle galoppieren?" wollte der Gardian wissen.

Wir nickten, und er gab seinem Pferd die Sporen. Moustang raste hinterher. Er hatte einen sehr angenehmen Galopp. Vorher war sein Reiter ein ängstlicher Anfänger gewesen, der ihm wahrscheinlich keinen schnellen Galopp erlaubt hatte, deshalb rannte Moustang jetzt so, daß der Sand hochspritzte. Seine Mähne flatterte, als er in diesem Tempo am Pferd des Gardians vorbeischoß. Der hielt seinen Schimmel zurück, ich glaube, er wollte hinter uns reiten, um auf eventuelle Stürze aufpassen zu können. Außerdem mußte er den Braunen antreiben, der nicht laufen wollte.

Nach fast einem Kilometer Galopp parierte ich Moustang durch, denn der Strand ging in holperigen Boden über. Marie lachte mich vergnügt an, ihr machte es genausoviel Spaß wie mir.

Der junge Gardian tauchte wieder neben uns auf und fragte: „Ça va?"

„Ça va très bien" und „oui, oui!" antworteten wir.

Keine ausgesprochen intellektuelle Konversation, zugegeben, aber er merkte, daß es uns gefiel.

Monsieur Legrand sah verschwitzt aus, er mußte seinen Wallach im Galopp sehr treiben, weil das liebe Tier nicht wollte. Dafür trabte es brav, als wir weiterritten.

Wir kletterten mit den Pferden auf Dünenpfaden herum, drehten um und galoppierten wieder ein Stück. Den Rest des Rückweges ritten wir im Schritt und Trab. Als wir an die Mündung der Petit Rhône, Nebenarm der Rhône, kamen, durften die Pferde trinken. Das Salzwasser des Meeres ist dafür nicht das Wahre, aber im Süßwasser der Petit Rhône durften die Pferde planschen, wie sie wollten.

Nach genau einer Stunde trafen wir im Mas Simbéu ein. Dort bekamen die Pferde Zucker. Wir halfen beim Absatteln und Abnehmen der Trensen, und dann wurden alle 25 Tiere auf die Weide entlassen. Wir Zweibeiner gingen zum Haus. Monsieur

Legrand ließ sich nicht davon abbringen, meinen Ritt mitzubezahlen. Dabei war das ganz schön teuer.

Inzwischen war es halb fünf. Marie erinnerte an unsere Autogramme. Auf unser Anklopfen kam eine ältere Frau heraus. Ja, jetzt sei Monsieur Aubanel da. Ein braungebrannter Mann trat in den Türrahmen. Jetzt lernten wir Henry Aubanel also wirklich noch kennen. Er gab uns mit festem Druck die Hand, schrieb seinen Namen und einen Gruß in die Bücher und quittierte unsere Lobeshymnen auf seine Bücher mit einem freundlichen Lächeln.

Als er merkte, daß ich keine Französin bin, fragte er, ob ich Deutsche sei. Er lerne nämlich gerade Deutsch. Weil ich sein Buch auch kannte, meinte er, man sei als Schriftsteller oft im Ausland bekannter als zu Hause.

Als wir uns, die signierten Bücher sorgsam verpackt, verabschiedeten, hielt ein Auto neben uns. Ein junger Mann stieg aus, der eine Kamera bei sich trug. Henry Aubanel stellte ihn uns als seinen Sohn Pierre, den Fotografen, vor. Wieder langes Händegeschüttel. Nach diesem doppelten Aubanelschen Händedruck wasch ich mir jetzt drei Wochen lang nicht die Hände.

Schließlich sagten wir „au revoir", hopsten ins Auto und fuhren ab. Ich möchte wetten, daß Familie Aubanel drei Kreuze hinter uns machte, von erleichterten Seufzern begleitet.

Marie fragte mich im Auto, ob ich das Grabmal, den großen Stein mit dem Kreuz, gesehen hätte. Ja, aber ich wußte nicht, wessen Grab es war. Daraufhin erklärte mir Marie, daß dort der Marquis de Baroncelli begraben liegt. Zusammen mit dem provenzalischen Dichter Frédéric Mistral habe der Marquis versucht, die alte camarguische Tradition zu wahren, reinrassige Tiere zu züchten, die alte provenzalische Sprache wieder populär zu machen und so weiter. Der Marquis schrieb auch selbst Gedichte in diesem Dialekt, und überhaupt, er war ein sehr wichtiger Mann für die Camargue. In Saintes-Maries gibt es ein Camargue-Museum, das seinen Namen trägt, und Straßen wurden nach ihm benannt. Henry Aubanel hatte eine Tochter Baroncellis geheiratet und führt nun die Zucht der Camargue-Pferde und -Stiere weiter.

Als ich in dem Camargue-Buch nachblätterte, stand da tatsächlich eine ganze Menge über den verstorbenen Schutzvater der Camargue.

Inzwischen sind wir wieder hier und haben schon abendgegessen. Wenn ich gerade an Mas Simbéu denke: Legrands Haus hat auch einen Namen. Mas Fernant. Falls es jemanden interessiert: Mas heißt Bauernhof oder einfach nur Haus.

Ehrlich gesagt, bin ich jetzt müde. Wir haben eine Menge erlebt heute. Liebes Tagebuch, sei mir nicht böse, wenn ich jetzt schlafen gehe. Es ist schon spät. Gute Nacht.

Arles, den 1. August

Ich habe mich verliebt. Auf den ersten Blick.

Meine große Liebe ist in der Camargue geboren und lebt hier in der Nähe bei einem alten Mann.

Manche Leute finden vielleicht, daß fünfzehn kein Alter für Liebe ist, aber ich bin da anderer Meinung.

Ich spazierte heute morgen herum, um die Gegend kennenzulernen. Marie war nicht dabei, weil sie ihrer Mutter bei der großen Wäsche half. Ich habe mich natürlich auch zum Helfen angeboten, aber Madame schüttelte energisch den Kopf mit der Begründung, ich sei doch Gast. Also wanderte ich los.

Die Sonne schien, unzählige Vögel zwitscherten und Zikaden zirpten. Ein Wiehern machte mich auf ein typisch camarguisches Häuschen, weißgekalkt mit Schilfdach, aufmerksam. Ein alter Mann saß auf einer Bank davor und sonnte sich. Auf einmal hörte ich ein leises Klappern, linste um die Ecke und... da funkte es!

Leider beruhte diese Liebe auf den ersten Blick nicht auf Gegenseitigkeit.

Sie ist eine Camargue-Stute. Wer hat da was anderes gedacht? Wenn ich einmal ein Pferd kaufe, soll es aussehen wie sie: seidig und lang die Mähne, das Fell weich und weiß, sehnige Beine, schöner Schweif, klare Linien, ausdrucksvoller Kopf mit großen, schwarzen Augen.

Bei unserer ersten Begegnung blitzten mich eben diese Augen wütend an. Mit gebleckten Zähnen wollte sie mir klarmachen, daß ich ein Ruhestörer war.

Der Mann auf der Bank rief: „Du calme, ma petite!“, und die Stute beruhigte sich allmählich.

„Beneidenswert“, murmelte ich.

„Wie bitte?“ fragte der Pferdebesitzer.

„Ich sagte nur, daß ich Sie um diese schöne Stute beneide.“

Er lächelte und nickte. Langsam entwickelte sich ein Gespräch, bei dem ich so ziemlich alles über meinen Schwarm erfuhr.

Midi, das heißt Mittag, der helle Tag, die Sonnenseite – wie der Name zu diesem Pferd paßt! Midi ist in einer Manade geboren, die dem Patron des alten Mannes gehört. Bis zu ihrem zweiten Jahr lebte sie dort mit Pferden und Stieren halbwild zusammen. Frédéric, so heißt mein neuer Freund, fand die junge Stute, als sie verletzt und halb versunken im Moor steckte und nicht mehr freikam. Er holte sie mit seinem Wurfseil aus Pferdehaar, das man hier Seden nennt, heraus. Die anderen Gardians glaubten nicht, daß sie überleben würde, aber Frédéric gab nicht so schnell auf. Er pflegte sie monatelang, und schließlich hatte er Erfolg: Midi wurde gesund. So schwer es ihm fiel, der alte Mann brachte die Stute dem Patron zurück. Aber der Manadier hatte ein Einsehen mit ihm und schenkte ihm die inzwischen Dreijährige. „Wenn du sie nicht gerettet hättest, wäre sie sowieso längst tot. Da kann ich sie dir auch gleich überlassen, meinst du nicht?“ soll er gesagt haben.

Frédéric freute sich natürlich sehr, daß seine Mühe belohnt wurde. Midi bedankte sich bei ihm damit, daß sie seitdem an ihm hängt wie ein treuer Hund.

Wenn ich früher so einen Satz in einem Buch las, fand ich es affig und glaubte es nicht. Aber wenn Frédéric das sagt, muß es stimmen.

Als Midi fünf Jahre alt war, ritt er sie ein. Erst mit fünf ist ein Camarguais ausgewachsen, weil die Rasse spätreif ist.

Der Patron hat einen starken, stolzen Hengst, erzählte Frédéric weiter, der vor einem Jahr ausbrach. Alle suchten ihn, und er trieb derweil die Pferde einiger Gardians zusammen, darunter auch Midi, und brachte sie zur Herde.

Am nächsten Morgen holte Frédéric seine Stute wieder, sobald man den Hengst eingefangen hatte.

Diese Nacht in der Herde hatte Folgen. Sehr schöne Folgen – ein freches schwarzes Fohlen. Der kleine Hengst wird auch ein Schimmel werden, aber er wurde wie alle Camargue-Fohlen schwarz geboren. Midi ist jetzt sieben Jahre alt, das Hengstfohlen, das Filou, das heißt Gauner oder Spitzbub, heißt, vier Wochen. Filou wird sicher einmal ein großer, schöner Hengst.

Ich würde furchtbar gern einmal auf Midi reiten oder sie dem Gardian abkaufen, aber natürlich will er sie nie fortgeben, solange er lebt.

Mein neuer Freund war früher auch Gardian beim Patron. Er hütete wie die anderen Pferde- und Stierherden. Damals war die Camargue noch urtümlicher, ohne Stacheldrahtzäune.

Jetzt ist Frédéric zu alt zum Rinderhüten. Er genießt seinen wohlverdienten Lebensfeierabend. Wenn er aber auf seiner Midi sitzt, glaubt ihm niemand seine achtundsiebzig Lenze. Er reitet noch wie ein junger Mann. Die anderen Gardians nennen ihn le Vieux, den Alten, aber sie legen viel Respekt in diese zwei Worte.

Im Stierkampf war er früher auch sehr gut, und noch heute glänzen seine Augen, wenn er davon erzählt.

Der provenzalische Stierkampf endet zum Glück nicht mit dem Tod des Stiers, sondern damit, daß der Torero, der hierzulande Razeteur genannt wird, dem Stier die Kokarde abreißt. Dieser Kopfputz ist mit Troddeln zwischen den Hörnern des camarguischen Stiers festgemacht. Wer dem gereizten Tier die Kokarde abnehmen will, muß also geschickt, schnell und mutig sein. Ich finde diese Stierkämpfe fairer und die Razeteurs mutiger als die spanischen Toreros, die ja im Grunde nur Schlächter sind.

Weil ich davon gehört hatte, daß der spanische Stierkampf, die corrida muerte, hier immer populärer wird, fragte ich den alten Mann, ob das wahr sei. Er nickte trübsinnig, schimpfte auf die Holzköpfe, die noch nicht trocken hinter den Ohren seien, und sagte dann, daß man zu dieser Kampfart nur spanische Stiere nimmt oder Kreuzungen, aber fast nie einen Camargue-Stier. Kein guter Züchter würde ihn dazu hergeben.

Die Camargue-Rinder kommen zum Kampf nur wenige Minuten in die Arena, dann geht's wieder auf die Weide, und der Stier hat Ruhe – bis zum nächsten Kampf.

Dabei ist die Sache für den Razeteur riskanter als für den Stier. Man bedenke, was so ein Tier für spitze Hörner hat!

Erstaunlich, was ich nach dem dritten Tag schon alles weiß. Aber ich kann mir nichts darauf einbilden, denn die ganze Weisheit stammt von dem bärtigen alten Mann, mit dem ich einige Stunden vor seiner Hütte saß, wobei ich nur zuhörte, was er von der Camargue erzählte. Da er im Ruhestand lebt, hat er Zeit dazu. Seine Tage verlaufen ruhig und ohne Überraschungen mit Pferdeversorgen, Reiten, Besuchen beim Patron und den Herden, mit Essen und Schlafen.

Dieses ruhige Leben hat er verdient, denn als Gardian arbeitete er schwer.

Gegen Mittag verabschiedete ich mich von Mann, Stute und Fohlen. Midi guckte mich nicht mehr ganz so wütend an: Frédérics Freunde sind offensichtlich auch ihre.

Bevor ich ging, sagte Frédéric freundlich: „Es war nett, mal wieder mit jemandem über die Camargue reden zu können. Wenn du mal Zeit hast, komm wieder, ja? Au revoir."

Wer behauptet da, Gardians seien schroffe, abweisende Kerle? Das ist eindeutig ein Fehler unseres französischen Schulbuches.

Ob ich von Midi träumen werde? Ich habe mal gelesen, daß man von jemandem träumt, in den man frisch verliebt ist.

Marie liegt in ihrem Bett und schläft. Eine gute Idee von ihr – ich werde es jetzt auch tun. Bonne nuit.

Arles, den 2. August

Heute habe ich verschlafen. Erst um zehn Uhr bin ich aus den Federn gekrochen. Monsieur Legrand war schon zur Arbeit gegangen, während Madame und Marie im Garten Pfirsiche pflückten. Sie hatten für mich ein Frühstück bereitgestellt, dessen Fülle mich wahrscheinlich für ihre Abwesenheit entschädigen sollte.

Nach einer Katzenwäsche machte ich mich darüber her, wusch dann das Geschirr und sauste zu Frédérics Cabane.

Es war niemand zu Hause, aber ich sah in der Ferne gerade noch ein helles Pferd mit Reiter und einem Fohlen. Das waren bestimmt meine Freunde beim Morgenausritt.

Ich ging zurück zum Mas Fernant und setzte mich vors Haus. Hier sitze ich nun, und vor mir liegt ein blendend weißer Briefbogen, der darauf wartet, vollgeschrieben zu werden. Mum und Paps wollen ja auch mal ein Lebenszeichen von mir bekommen.

Die Sonne scheint hier so intensiv, daß ich bestimmt schnell braun werde. Der Himmel leuchtet in seinem schönsten Blau, und mich umschwärmen Millionen von Insekten. Verflixte Biester!

Autsch, die hat mich gebissen; ha, das bezahlst du mit dem Tod! All ihre Verwandten und Bekannten scheinen zu beschließen, daß Mückes Tod gerächt werden muß. Aua! Hilfe! Mich kann nur ein Blitzspurt ins Haus retten.

Madame ruft meinen Namen, es ist schon wieder Zeit zum Essen. Durch die geöffnete Zwischentür sehe ich die ganzen Herrlichkeiten, die auf dem Tisch warten.

Adieu, Tagebuch, ich muß mich darauf stürzen, bevor Chéri kommt. Der läßt nichts übrig.

So, da bin ich wieder. Es dämmert draußen, die Luft fühlt sich samtweich an, und ich kritzle – auf ein neues! – das Papier voll. Marie hockt neben mir und schielt mich von schräg unten an.

Nachmittags habe ich wieder Frédéric besucht. Er schien sich darüber zu freuen, aber ich habe einen ganz schönen Schreck gekriegt. Er lag nämlich auf dem Bett und sagte, es ginge ihm nicht gut. Ob ich die Pferde füttern könnte? Wenn so ein vitaler Mensch wie Frédéric mich ums Füttern seiner Tiere bittet, muß man sich wirklich sorgen. Was hat er? Ob er ernsthaft krank wird?

Vor dem Füttern unterhielten wir uns noch eine Weile. Frédéric sah blaß aus, seine Augen schienen noch schwärzer als sonst. Einmal wechselte er abrupt das Thema und fragte: „Hast du Midi gern?“

„Ja, sehr. Midi, und das Fohlen auch.“

Er betrachtete mich lange, doch ich hatte dabei das Gefühl, daß er etwas ganz anderes sah. Mir wurde ganz seltsam zumute. Dann nickte er langsam und redete wieder von etwas anderem.

Später fütterte ich Midi mit einem Armvoll Heu und zwei Handvoll Hafer. Sie guckte mißtrauisch, aber beim Putzen hielt sie später ganz still.

Der kleine Filou dagegen schien meine Nase sympathisch zu finden. Er rieb seinen Kopf an mir, schnupperte an meinen Händen und schnaubte leise und zufrieden, als ich ihn streichelte.

Nach dem Füttern ließ ich die beiden ins Freie, wie es mir der Alte gesagt hatte. Er tut das immer; Midi sucht sich dann in der Nähe Gras und schläft neben dem Haus. Jeden Morgen, wenn er aus dem Haus tritt, erzählte Frédéric, begrüßt sie ihn wiehernd an der Haustür. Midi ist wirklich ein ganz treues Pferd. Filou bleibt sowieso immer bei seiner Mutter; er trinkt noch.

Als ich in die Cabane guckte, um auf Wiedersehen zu sagen und zu fragen, ob ich noch etwas für ihn tun könnte, bat mich Frédéric, ihm Tee zu kochen. In seiner einfachen, gemütlichen Hütte gibt es keinen Elektrokochherd. Ich braute ihm seinen schwarzen Tee auf einer kleinen Feuerstelle. Er trank das heiße Getränk ungezuckert und schlief bald darauf ein.

Ich ging nach Hause und überlegte, was er haben könnte, ob er wohl ernsthaft krank wird. Ich machte mir Sorgen um ihn.

Arles, den 3. August

Als ich heute gleich nach dem Frühstück ahnungslos zu Frédéric ging, begegnete mir ein Gardian. Normalerweise beachten mich die Männer nicht – ich bin bloß eine Touristin –, aber dieser hielt seinen Wallach an und fragte mich, ob ich die Freundin des Vieux sei.

Ich weiß nicht, ob er mich als seine Freundin betrachtet, aber ich habe das Gefühl, als wären wir schon seit Jahren befreundet. Deshalb sagte ich ja.

Der Reiter nickte vor sich hin. Er sah aus, als ob ihn irgend etwas bedrücke. Schließlich sagte er es. Frédéric ist im Krankenhaus! Er muß operiert werden, wegen eines Tumors.

Das ist schrecklich.

Ich versuchte mehr zu erfahren, aber der Gardian wußte selbst nur, daß le Vieux gesagt hatte, ich solle seine Pferde versorgen.

Wünsch Dir ein SchneiderBuch...

Tolles Preisrätsel auf der letzten Seite!

Wir verlosen jeden Monat 100 Schneider-Bücher

...zu Weihnachten, zum Nikolaus, zum Geburtstag, zum Namenstag, für das gute Zeugnis oder einfach so – weil Lesen schön ist und Spaß macht.

Wegweiser:

Bücher für Leseanfänger Seite 2/3
Detektivgeschichten, Abenteuer, Spannung Seite 4
Mädchenbücher Seite 5
Pferdebücher Seite 6
Bücher für schlaue Köpfe Seite 7
Wunschzettel und Preisrätsel Seite 8

SchneiderBücher gibt es bei:

Schneider-Buch

Stand 1/89, Preisänderungen vorbehalten

Lesealter

1. + 2. Klasse

„Frische Fische, fünf Feigen und ein Fitzelchen Fahrradschlauch“ verspeist das **ABC-Monster** an seinem F-Tag. Und das ist nur einer von 26 Tagen, an denen es Riesenhunger hat.

Keine Zahl ist vor Nummix sicher, dem 222 Jahre alten **Zahlenmonster,** und seinen Kindern sicher. Paß auf, besonders gern stibitzen sie Nummernschilder!

- Das ABC-Monster
- Das Zahlenmonster

Beide Bücher gibt es in Schreibschrift, vereinfachter Schreibschrift oder Großdruck für je **8,95/ÖS 69,-.**

Lesealter

3. + 4. Klasse

Bist Du ein guter Detektiv? **Kommissar Kugelblitz** sucht helle Köpfe, die knifflige Fälle selber lösen. Ob du richtig kombiniert hast, zeigt dir die Wunderlupe.

Jeder Kommissar-Kugelblitz-Ratekrimi enthält mehrere spannende Fälle:

- Die schneeweiße Katze
- Das rosa Nilpferd
- Der schwarze Geist
- Das blaue Zimmer
- Der lila Leierkasten
- Der grüne Papagei
- Der gelbe Koffer
- Die orangefarbene Maske
- Die rote Socke

Jedes Buch mit Wunderlupe **9,80/ÖS 79,-.**

Bei uns zu Hause ist immer was los. Dafür sorgen **meine Schwester Klara und ich!** Neulich hatten wir eine Maus als Untermieter. Du kannst dir nicht vorstellen, wie sich Mama aufgeregt hat. Und Klara weiß bis heute nicht, daß ich den Osterhasen beim Eierverstecken beobachtet habe…

Es gibt schon 13 Bücher mit unseren Streichen: Meine Schwester Klara, ich und

- Die geschenkte Maus
- Der Osterhase
- Das Lachwürstchen
- Ihre Kochlöffel
- Die große Wanderung
- Das liebe Geld
- Ihr Geheimnis
- Der Schneemann
- Ihr Schutzengel
- Der Haifisch
- Die Pfütze
- Der Löwenschwanz
- Die Geister

Jedes Buch hat viele bunte Bilder und kostet **9,80/ ÖS 79,-.**

Wir 7 vom **Geheimbund Murmel** erleben eine Menge Abenteuer. Erst taucht Falschgeld im Laden von Pacos Vater auf, dann legt jemand das Schloß der Schultür mit Superkleber lahm. Und wir werden von den Steinen verdächtigt!

Steine? Ach so, das ist unsere Geheimsprache. Du kannst sie lernen, sie steht in unseren Büchern:

- Der Super-Kleber
- Blüten im Salat
- Feige Flucht
- Die Feuer-Vroni
- Ein heißer Fund
- 24 Hunde sind verschwunden

je **6,95/ÖS 55,-.**

Detektivgeschichten, Abenteuer, Spannung

Tommi (13), Schräubchen (12), „TH“ (13) und Milli (12), das sind wir vier von der **Pizza-Bande!** Uns macht es riesigen Spaß, gemeinsam die schwierigsten Aufgaben zu lösen. Im Ferienlager haben wir es mit Säbeltigern, Mammuts und Vampiren zu tun…

Hier siehst du alle Fälle, die wir schon geknackt haben:
- Säbeltiger und Vampire
- Der grüne Fuchs
- Das Gespenst im Schaukelstuhl
- Kartoffelsalat und kalte Füße
- Pfeffer für Pistazien-Paule
- Ein Hai sitzt auf dem Trockenen
- Ein Geist mit nassen Füßen
- Tomatensuppe für den Vampir
- Hände weg von Teddybären
- Gespenster essen keinen Hering
- Spaghetti im Benzintank
- Das Paradies der Frösche
- Tragen Füchse Trainingshosen?
- Die verbeulte Erbschaft
- Der Priester mit den roten Schuhe
- Kakerlaken im Salat

je **8,95/ÖS 69,-.**

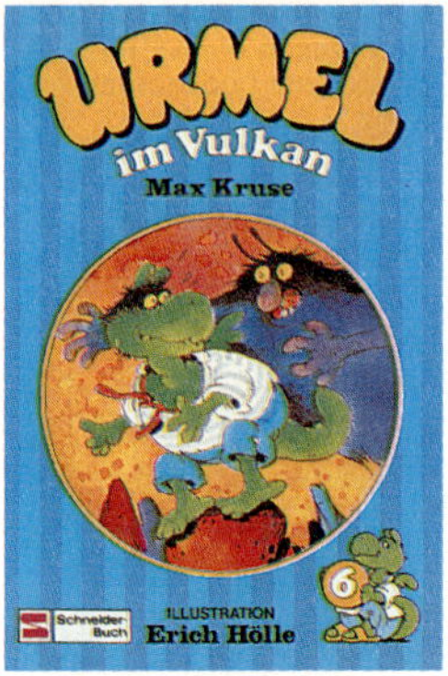

Tim Tintenklecks lebt bei dem seltsamen Professor Habakuk Tibatong und seiner Tierfamilie auf einer einsamen Insel im Meer. Eines Tages taucht ein kleiner Eisberg auf. Im Innern schimmert ein großes Ei, aus dem ein seltsames grünes Wesen schlüpft: das **Urmel!**

Und hier sind die Urmel-Bücher:
- Urmel im Vulkan
- Urmel zieht zum Pol
- Urmel spielt im Schloß
- Urmel taucht ins Meer
- Urmel fliegt ins All
- Urmel aus dem Eis

je **8,95/ÖS 69,-.**

Bei der amerikanischen Familie **Maroni** ist allerhand los. Maggi Maroni fiebert ihrem ersten Auftritt als Rodeoreiterin entgegen, Junior erkundet eine Höhle, während Toni und Michael eine gefährliche Floßfahrt unternehmen…

- Eine Familie hält zusammen
- Junior hält alle in Atem
- Wirbel um das grüne Phantom
- Eine Mutter wie keine andere

8,95/ÖS 69,-.

Kurz vor der Nordseemündung, wo die Elbe schon mächtig breit ist, leben die **Acht vom großen Fluß.** Hier gibt es viele Abenteuer zu bestehen mit Schmugglern, gefährlichen Frachten, dunklen Gestalten… Aber auch der Alltag ist aufregend: Die Zwillinge Heike und Heiko z.B. fahren jeden Tag mit dem Segelboot von ihrer Insel zur Schule.

Alle Bände mit den Acht vom großen Fluß:
- Alarm auf dem Zollschiff.
- Der verdächtige LKW
- Die verschwundenen Goldmünzen
- Rote Fässer über Bord
- Feuer in der Nacht
- Das geheimnisvolle Boot
- Die unheimliche Vogelinsel
- Der abenteuerliche Fund

je **8,95/ÖS 69,-.**

- Sammelband 1 **19,80/ÖS 14**

Mädchenbücher

Sechs Jahre im Leben von Katja kannst du hier miterleben. Von 12 bis 17 Jahren macht sie die Höhen und Tiefen des Großwerdens durch und versucht, wirkliche Freundschaften zu schließen. Manches davon wirst du selbst schon erlebt haben.

- Mit 12 fühlt man ganz anders
- Mit 13 hat man täglich Ärger
- Mit 14 glaubt man an die Freundschaft
- Mit 15 wachsen einem Flügel
- Mit 16 tanzt man ins Leben
- Mit 17 setzt man auf die Liebe

je **7,95/ÖS 65,–.**

Wir Vier Waldmann-Schwestern Peggy, Maria, Gaby und Daniela leben mit unserer Mutter Corinna und unserem Vater Hanno in dem alten Bauernhaus Buchenloh. Auch wenn eigentlich nur Gabi eine Tochter der Waldmanns ist – für alle vier fast gleichaltrigen Mädchen ist Corinna die beste Mutter der Welt. Und „Paps“ Hanno ist mehr als ein Vater, nämlich ihr bester Freund.

Sechs Bücher gibt es von uns Waldmanns:

- Sehnsucht nach dem Süden
- Zwei auf falschen Wegen
- Wettbewerb der Herzen
- Eine Insel im Wind
- Träume hinter dem Spiegel
- Eine Straße durch das Paradies

je **8,95/ÖS 69,–.**

Aus einer kleinen zugelaufenen Katze wird ein „Familienmitglied“. Janni lernt, daß es nicht genügt, ein Tier zu lieben – man muß auch Verantwortung übernehmen.

Die bisher erschienenen Piri-Bücher:

- Piri und die alte Katze
- Piri geht auf Reisen
- Piri gewinnt alle Herzen
- Piri stellt alles auf den Kopf
- Kleine Freundin Piri

je **6,95/ÖS 55,–.**

Eigentlich ist Linda ein ganz normales Mädchen... Wenn es da nicht die Tierarztpraxis ihres Vaters gäbe. In einem Tierarzt-Haushalt ohne Mutter kommt einiges auf eine 14jährige zu. Linda hat nicht nur ein riesengroßes Herz für Tiere – sie steht auch sonst ihr Mädchen.

Vier Geschichten gibt es von der Tierarztfamilie:

- Die Tierliebe siegt
- So ein Affentheater
- Hundeleben in Gefahr
- Linda wird überall gebraucht

je **8,95/ÖS 69,–.**

Pferdebücher

Seit Nell auf dem Land wohnt, verbringt sie die meiste Zeit auf dem benachbarten **Reiterhof Dreililien.** Da gibt es immer was zu erleben, und da ist auch Jörn, einer der Söhne des Gutsbesitzers! Nell erlebt die Geburt und Aufzucht des Fohlens Joringel mit der Flasche. Und der nächste Frühling bringt ihr stürmische Tage…

Die Dreililien-Bände:

- Unter dem Frühlingsmond
- Wenn der Sommer geht
- Heimweh nach den Pferden
- Eine Welt für sich
- Alte Lieder singt der Wind
- Der Sommer im Tal
- Der Frühling des Lebens
- Die Tage der Rosen
- Das Glück dieser Erde

je **9,80/ÖS 79,–.**

Johanna und ihre halbwilde Stute Biba leben im Gebiet der Pueblo-Indianer New Mexicos. Die beiden reiten oft über die Mesa in die wilden Berge. So gelangen sie eines Tages in das Gebiet des schwarzen Hengstes El Moro und begegnen dem sagenumwobenen **Wildpferd aus den roten Bergen.** Dann geschieht etwas Dramatisches…

Die Bände:

- El Moro und seine Herde
- Der Ritt durch die Schlucht
- Der Kampf mit dem Coyoten

je **8,95/ÖS 69,–.**

Polly lebt auf einem Bauernhof in Schweden. Jede freie Minute verbringt sie mit den Pferden. Dabei erlebt sie viele spannende Abenteuer. Besonders rund um die Trabrennbahn geschehen dramatische Dinge! Plötzlich ist Satan, der schwarze Traber-Hengst, verschwunden. Da macht Polly eine schlimme Entdeckung…

Alle Polly-Bände auf einen Blick:

- Polly sucht das verschwundene Pferd
- Polly und das Pferdemädchen
- Polly reitet in die Zukunft
- Gefahr auf dem Pferdehof
- Das schönste Pferd der Welt für Polly
- Polly bekommt ein Pferd

je **7,95/ÖS 65,–.**

Alle Pferde lieben Bille. Und ihr ist kein Opfer zu groß für ihre Lieblinge. Sie steht sogar um fünf Uhr auf, um im Stall zu arbeiten. Das Pony Zottel ist ihr bester Freund. **Bille und Zottel** sind einfach unzertrennlich und erleben viele lustige und aufregende Abenteuer.

Das sind sie:
- Ein Pony auf großer Wanderung
- Das Fest der Pferde
- Frühling, Freunde, freche Fohlen
- Sensation in der Manege
- Im Hauptfach Reiten
- Im Sattel durch den Sommer
- Filmstar auf 4 Beinen
- Ein Cowboy für Bille und Zottel
- Gefahr auf der Koppel
- Ferien hoch zu Roß
- Applaus für Bille und Zottel
- ... durch dick und dünn
- Unzertrennliche Freunde
- Pferdeliebe auf den ersten Blick

je **8,95/ÖS 69,–.**
- Sammelband 1
- Sammelband 2
- Sammelband 3

je **19,80/ÖS 149,–.**
- JUBILÄUMSBAND

mit allen Geschichten
29,80/ÖS 239,–.

ab 10

Bücher für schlaue Köpfe

Die Pflanzen- und Tierwelt in Feld, Hecke, Moor und Teich ist abgebildet und erklärt in der Reihe **Unsere Welt erkennen.** Damit läßt sich eine Menge machen: angucken, benennen, fragen, entdecken, spielen und erzählen. Die farbigen Leporellos (so nennt man Bilderbögen zum Ausklappen) kannst du herausnehmen und als Poster an die Wand hängen (und jederzeit wieder fest einheften). Auf ihrer Rückseite stehen viele interessante Informationen über die Tiere und Pflanzen. Auf der Innenseite des Buchdeckels findest du ein lustiges Würfelspiel zum Thema.

Diese Bände gibt es:
- Lebendiges Feld
- Lebendige Hecke
- Lebendiger Teich
- Lebendiges Moor

je **9,80/ÖS 79,–.**

SchneiderLexika sind Leckerbissen für Wissensdurstige und ideal für Schüler! Es ist besser, sie nicht herumliegen zu lassen. Meistens dauert es nämlich nicht lange, bis ein Erwachsener sich darin festgelesen hat, und dann hast du dein schönes dickes Lexikon für eine Weile gesehen!

Such dir deine Lieblingsthemen aus:
- Fußball A–Z / **24,80/ÖS 199,–.**
- Jugendlexikon A–Z **24,80/ÖS 199,–.**
- Pferde A–Z **24,80/ÖS 199,–.**
- Sport A–Z **29,80/ÖS 239,–.**

Weitere Schneider-Lexika:
- Das Grüne Lexikon (Umweltschutz) **24,80/ÖS 199,–.**
- Hunde A–Z **19,80/ÖS 149,–**
- Katzen A–Z **19,80/ÖS 149,–.**
- Motorrad A–Z **24,80/ÖS 199,–.**
- Musik A–Z **24,80/ÖS 199,–.**
- Physik A–Z **29,80/ÖS 239,–.**
- Rock&Pop A–Z **29,80/ÖS 239,–.**
- Seefahrt A–Z **29,80/ÖS 239,–.**

Wunschzettel

Liebe/r ______________________ Diese SchneiderBücher wünsche ich mir von Dir.

Ursel Scheffler:
☐ Das ABC-Monster
☐ Das Zahlenmonster

Kommissar Kugelblitz-Ratekrimis (mit Wunderlupe)
☐ Die schneeweiße Katze Bd. 9
☐ Das rosa Nilpferd Bd. 8
☐ Der schwarze Geist Bd. 7
☐ Das blaue Zimmer Bd. 6
☐ Der lila Leierkasten Bd. 5
☐ Der grüne Papagei Bd. 4
☐ Der gelbe Koffer Bd. 3
☐ Die orangefarb. Maske Bd. 2
☐ Die rote Socke Bd. 1

Dimiter Inkiow
Meine Schwester Klara und
☐ Die geschenkte Maus Bd. 13
☐ Der Osterhase Bd. 12
☐ Das Lachwürstchen Bd. 11
☐ Ihre Kochlöffel Bd. 10
☐ Die große Wanderung Bd. 9
☐ Das liebe Geld Bd. 8
☐ Ihr Geheimnis Bd. 7
☐ Der Schneemann Bd. 6
☐ Ihr Schutzengel Bd. 5
☐ Der Haifisch Bd. 4
☐ Die Pfütze Bd. 3
☐ Der Löwenschwanz Bd. 2
☐ Die Geister Bd. 1

Dirk Walbrecker:
Geheimbund Murmel
☐ Der Super-Kleber Bd. 6
☐ Blüten im Salat Bd. 5
☐ Feige Flucht Bd. 4
☐ Die Feuer-Vroni Bd. 3
☐ Ein heißer Fund Bd. 2
☐ 24 Hunde sind verschw. Bd. 1

Die Pizza-Bande
☐ Säbeltiger und Vampire Bd. 16
☐ Der grüne Fuchs Bd. 15
☐ Das Gespenst i. Schau. Bd. 14
☐ Kartoffels. u. kalte Füße Bd. 13
☐ Pfeffer f. Pistazien-Paule Bd. 12
☐ E. Hai sitzt a. d. Trocke. Bd. 11
☐ E. Geist m. nass. Füßen Bd. 10
☐ Tomatensup. f. Vampire Bd. 9
☐ Hände weg von Teddyb. Bd. 8
☐ Gespenst.essen k. Hering Bd. 7
☐ Spaghetti i. Benzintank Bd. 6
☐ D. Paradies d. Frösche Bd. 5
☐ Trag. Füchse Trainingsh. Bd. 4
☐ D. verbeulte Erbschaft Bd. 3
☐ D. Priester m. d. r. Schuh. Bd. 2
☐ Kakerlaken im Salat Bd. 1

Max Kruse:
Urmel
☐ Urmel im Vulkan Bd. 6
☐ Urmel zieht zum Pol Bd. 5
☐ Urmel spielt i. Schloß Bd. 4
☐ Urmel taucht ins Meer Bd. 3
☐ Urmel fliegt ins All Bd. 2
☐ Urmel aus dem Eis Bd. 1

Betsy Byars:
Die Maronis
☐ E. Familie hält zusam. Bd. 1
☐ Junior hält alle in Atem Bd. 2
☐ Wirbel u. d. gr. Phantom Bd. 3
☐ E. Mutter wie keine and. Bd. 4

Gabriele Kuhnke:
Die Acht vom großen Fluß
☐ Alarm a. d. Zollschiff Bd. 8
☐ Der verdächtige LKW Bd. 7
☐ D. verschwund. Goldm. Bd. 6
☐ Rote Fässer über Bord Bd. 5
☐ Feuer in der Nacht Bd. 4
☐ D. geheimnisv. Boot Bd. 3
☐ D. unheiml. Vogelinsel Bd. 2
☐ D. abenteuerl. Fund Bd. 1
☐ Sammelband 1

Tina Caspari:
☐ Mit 12 fühlt man ganz anders
☐ Mit 13 hat man täglich Ärger
☐ Mit 14 gl. man a. d. Freundsch.
☐ Mit 15 wachsen einem Flügel
☐ Mit 16 tanzt man ins Leben
☐ Mit 17 setzt man auf die Liebe

Elke Müller-Mees:
Wir Vier
☐ Sehnsucht n. d. Süden Bd. 6
☐ Zwei auf falsch. Wegen Bd. 5
☐ Wettbewerb der Herzen Bd. 4
☐ Eine Insel im Wind Bd. 3
☐ Träume h. d. Spiegel Bd. 2
☐ E. Straße d. d. Paradies Bd. 1

Tina Caspari:
Piri
☐ Piri und die alte Katze Bd. 5
☐ Piri geht auf Reisen Bd. 4
☐ Piri gewinnt a. Herzen Bd. 3
☐ Piri stellt alles a. d. Kopf Bd. 2
☐ Kleine Freundin Piri Bd. 1

Virginia Vail:
Tierarztpraxis Birkenallee 7
☐ Die Tierliebe siegt Bd. 4
☐ So ein Affentheater Bd. 3
☐ Hundeleben in Gefahr Bd. 2
☐ Linda wird überall gebr. Bd. 1

Ursula Isbel:
Reiterhof Dreililien
☐ U. d. Frühlingsmond Bd. 9
☐ Wenn d. Sommer geht Bd. 8
☐ Heimweh n. d. Pferden Bd. 7
☐ Eine Welt für sich Bd. 6
☐ Alte Lied. singt d. Wind Bd. 5
☐ Der Sommer im Tal Bd. 4
☐ D. Frühling d. Lebens Bd. 3
☐ Die Tage der Rosen Bd. 2
☐ Das Glück dieser Erde Bd. 1

Andrea Pabel:
D. Wildpferd a. d. rot. Bergen
☐ El Moro u. seine Herde Bd. 3
☐ D. Ritt d. d. Schlucht Bd. 2
☐ D. Kampf m. d. Coyoten Bd. 1

Thea Oljelund:
Polly
☐ Polly sucht das verschwund. Pferd Bd. 6
☐ Polly u. d. Pferdemäd. Bd. 5
☐ Polly reitet i. d. Zukunft Bd. 4
☐ Gefahr a. d. Pferdehof Bd. 3
☐ D. schönst. Pferde d. W. Bd. 2
☐ Polly bekommt e. Pferd Bd. 1

Tina Caspari:
Bille und Zottel
☐ E. Pony a. gr. Wanderung Bd. 14
☐ Das Fest der Pferde Bd. 13
☐ Frühl., Freunde, fr. Fohl. Bd. 12
☐ Sensation i. d. Manege Bd. 11
☐ Im Hauptfach Reiten Bd. 10
☐ I. Sattel d. d. Sommer Bd. 9
☐ Filmstar mit 4 Beinen Bd. 8
☐ E. Cowboy f. Bille u. Zot. Bd. 7
☐ Gefahr a. d. Pferdekop. Bd. 6
☐ Ferien hoch zu Roß Bd. 5
☐ Applaus f. Bille u. Zottel Bd. 4
☐ ... durch dick u. dünn Bd. 3
☐ Unzertrennl. Freunde Bd. 2
☐ Pferdeliebe a. d. e. Blick Bd. 1
☐ Sammelband 1
☐ Sammelband 2
☐ Sammelband 3
☐ Jubiläumsbd. m. all. Geschicht.

Unsere Welt erkennen
☐ Lebendiges Feld
☐ Lebendige Hecke
☐ Lebendiger Teich
☐ Lebendiges Moor

SchneiderLexika
☐ Fußball A-Z
☐ Jugendlexikon A-Z
☐ Pferde A-Z
☐ Sport A-Z
☐ Das grüne Lexikon
☐ Hunde A-Z
☐ Katzen A-Z
☐ Motorrad A-Z

Das große SchneiderPreisrätsel

Jeden Monat 100 SchneiderBücher zu gewinnen!

Mach mit! In diesem Prospekt sind auf jeder Seite einige Buchstaben rot gedruckt. Finde sie, und setze sie dann in der richtigen Reihenfolge im Lösungsabschnitt unten ein. Kleine Hilfe: Der Lösungsspruch sagt, was viele Kinder über SchneiderBücher denken. Vergiß nicht, deine Adresse und dein Alter anzugeben. Also los, wir drücken die Daumen und wünschen viel Glück!

Schicke den Lösungsabschnitt bitte an den Franz Schneider Verlag, Frankfurter Ring 150, D-8000 München 40

Mein Lösungsspruch:
SchneiderBücher sind ☐☐☐☐☐☐☐☐☐☐

Vorname ______________ Name ______________

Straße ______________

Postleitzahl ______ Ort ______________

Alter: ______________

Das ist Ehrensache! Ich tue das wirklich gern, erstens, weil Frédéric und ich befreundet sind, und dann natürlich auch deshalb, weil ich die Pferde liebhabe.

Es freut mich, daß er nicht einen anderen Gardian um die Pflege der Pferde gebeten hat, sondern mich. Hoffentlich wird Frédéric bald wieder gesund. Was soll ich sonst Midi erzählen?

Legrands hatten auch schon von der Krankheit des Vieux gehört und sahen ein, daß ich mich jetzt um die Pferde kümmern und nicht im Mas Fernant herumsitzen will.

Als ich die beiden mittags versorgte, sah Midi unruhig aus. Sie suchte um das Haus herum, aber sie fand ihn nicht. Bis jetzt war ihr Freund noch nie länger als eine Nacht von ihr fort gewesen. Sie hatte es gern, daß ich sie lange streichelte und putzte; sie war richtig trostbedürftig. Filou dagegen war lustig und munter wie immer, er ist noch zu klein, um seinen Herrn zu vermissen. Ich habe Midis seidiges Fell also ausgiebig gestriegelt; sie muß doch schön sein, wenn ihr Freund wiederkommt. Ihr? Nein, unser Freund!

Madame Legrand will mich heute nachmittag zum Krankenhaus fahren, damit ich meinen alten Freund besuchen und den Arzt fragen kann, wie es Frédéric geht. Das ist sehr nett von ihr.

Wir sind eben aus dem Krankenhaus zurückgekommen. Dort herrscht der gleiche sterile Geruch wie in anderen Krankenhäusern. Die Operation war gerade vorbei, und Frédéric lag bewußtlos auf seinem Bett. Er war bleich und sah eingefallen aus um die Augen herum. Ich sprach einen Arzt auf den Vieux an. Er machte ein bedenkliches Gesicht. Der wuchernde Tumor sei zwar entfernt, aber der Patient sei schon sehr alt, und ob er es überstehen würde? Er wolle alles tun, was in seinen Kräften stehe.

Wenn Frédéric wieder ganz gesund wird... wenn? Nein, er muß gesund werden. Midi, Filou und ich brauchen ihn. Es ist zu früh, er darf noch nicht sterben.

3 9944-10

4. August

Frédéric ist tot.

5. August

Es kann nicht wahr sein, ich kann es nicht glauben.

Keine drei Tage ist es her, daß er auf seiner Stute durch die Gegend galoppierte, und jetzt...

Wir haben uns doch stundenlang unterhalten, und er schien sich dabei wohl zu fühlen. Nur zwei Tage liegen dazwischen, zwei Tage – und Midi verlor den Herrn, ich einen Freund.

Der Arzt kam selbst her, um es mir zu sagen. Frédérics Kreislauf hatte die Beanspruchung der Operation nicht ausgehalten. Zwei Stunden, nachdem ich im Krankenhaus gewesen war, versagte sein Herz. Hoffentlich hatte er keine Schmerzen mehr.

Zuerst war ich fassungslos. Es war so unglaubwürdig. Frédéric tot – was soll nun aus Midi werden? war mein nächster Gedanke, nachdem sich das Durcheinander in meinem Kopf etwas gelegt hatte.

Der Arzt schien dasselbe zu denken.

„Vor der Operation machte der alte Mann sein Testament und sagte dann, er habe niemanden auf der Welt außer seiner Camargue, seinen Pferden und – Ihnen!“

Ich hörte kaum hin, als der Doktor hinzufügte, er hätte Frédérics Testament gleich nach dessen Tod gelesen, um mir Bescheid sagen zu können.

Ich dachte an etwas anderes. Seine Camargue, seine Pferde,

ich... ich? Was habe ich denn für ihn getan? Kaum etwas, viel zu wenig. Es waren nur die Stunden, die wir zusammen vor seiner Cabane saßen. Bei der Erinnerung an seinen seltsamen Gesichtsausdruck am letzten Tag bekam ich ein eigentümliches Gefühl. Mir hatten die Gespräche mit ihm ehrlich Freude gemacht. War es für Frédéric vielleicht mehr gewesen? Er war ein alter Mann, um den sich sein Lebtag kaum jemand gekümmert hatte, und dann kam auf einmal ein Mädchen zu ihm, das sich lange mit ihm unterhielt, ihm Tee kochte und seine Stute versorgte. Es war nicht viel, wirklich nicht, es war sogar ausgesprochen wenig, aber Frédéric muß es stark berührt haben, so umsorgt zu werden. War es so gewesen? Ein seltsamer Gedanke.

„Der Vieux sagte, Sie seien die einzige, die Midi liebe wie er selbst." Der Arzt sah mich prüfend an.

Ja, Frédéric hatte mich vor ein paar Tagen gefragt: Hast du Midi gern?

„Das stimmt", antwortete ich.

Daraufhin sagte der Mann etwas, was ich unmöglich glauben kann: Frédéric hat mir Midi und Filou vererbt!

„Aber... das...", stotterte ich, „ist das wahr?"

Der Arzt nickte. Er las mir das Testament vor, das der alte Gardian kurz vor der Operation gemacht hatte.

Wie betäubt stolperte ich zu Frédérics Hütte. Was hatte ich schon für den alten Mann getan? So gut wie nichts! Ich mache mir Vorwürfe deshalb, aber die sind jetzt sinnlos.

Er möchte, daß der Inhalt seiner Hütte an seine alten Gardiankameraden verteilt wird, und dann soll sie abgebrannt werden. Viele wilde Tiere gibt es hier nicht mehr, doch die wenigen sollen auf seinem Grund und Boden Zuflucht finden, wenn es hier wieder verwildert ist. Ich kann nicht beurteilen, ob es Illusionen sind, die er sich machte, aber sein Wunsch wird erfüllt werden.

Midi, Filou, Sattel, Zaumzeug und sein restliches Geld soll ich bekommen.

Es ist ein alter Gardiansattel, für mich ein Erinnerungsstück.

Dreizack, Seden und noch vieles mehr aus Frédérics Cabane gab ich seinen Kameraden, alte Gardians wie er. Sie hatten Tränen in den Augen, einer von ihnen drückte mir stumm einen Haferbeutel in die Hand.

Midi, Filou, Sattel, Trense, das Geld und den Haferbeutel brachte ich zu den Legrands.

Dann packten wir Heu in die Cabane und warfen ein einziges Streichholz hinein. Das Heu fing Feuer, die Flammen griffen auf die Wände aus gepreßtem Schilf über; die Hütte loderte auf und sank nach einiger Zeit in sich zusammen.

Frédérics Erbschaft hat mir viel Kopfzerbrechen bereitet. Ich möchte das Beste für die Pferde und in seinem Sinn handeln. Soll ich sie einfach freilassen? Fast die ganze Camargue ist in Koppeln mit Stacheldrahtzäunen, Dörfer und Höfe aufgeteilt; wo könnte da noch ein Pferd frei leben? Man würde es sofort wieder einfangen.

Verkaufen werde ich sie auf keinen Fall!

Midi könnte ich dem Patron geben, bei dem sie mit den Stuten herumstreifen könnte und nichts anderes tun, als Fohlen zu bekommen. Midi würde sich wohl an so ein Leben gewöhnen, aber ihrem Fohlen würde bestimmt ein Leben als Verleihpferd bevorstehen. Filou braucht seine Mutter noch, ich kann nicht Midi zur Herde geben und Filou behalten. Ehrlich gesagt, will ich das auch gar nicht. Es ist besser, ich behalte sie beide. Frédéric hat sie mir ja vererbt, weil er weiß, daß ich sie liebhabe.

Genf ist etwa 360 Kilometer entfernt. Ich habe mir die Strecke auf der Karte angesehen. Einen Transporter kann ich mir nicht leisten, das ist klar.

Ob Midi und Filou das durchhalten würden? Was sollten wir essen, wo schlafen, was würden meine Eltern dazu sagen? Ist es das, was auch le Vieux recht wäre?

Viele Fragen, keine Antwort.

Am wenigsten Sorgen würde mir die Unterbringung in Genf machen. Etwas außerhalb der Stadt wohnt ein älterer Bauer, den ich kenne und der eine riesengroße Wiese mit einer Scheune hat. Er ist ein Tierfreund, der mir die Wiese bestimmt als Pferdekoppel verpachten würde.

Mum würde sich viel zu viele Sorgen machen, wenn sie wüßte, was ich vorhabe. Ich werde es meinen Eltern vorerst nicht schreiben, denn falls sie es verbieten würden, müßte ich gegen ihr Verbot reiten, und das will ich nicht.

Ob Legrands mich losreiten lassen? Sie glauben vielleicht, die Verantwortung für mich zu tragen. Ob sie mir 360 Kilometer Ritt zutrauen?

Midi kann unterwegs Gras fressen, das gibt es überall. Kraftfutter werde ich von dem Geld kaufen, das Frédéric mir vererbt hat. Dann hat sie hoffentlich genug Kraft, zu laufen und Milch für das Fohlen zu produzieren. Ich selbst habe auch noch ein bißchen Geld, von dem ich mir etwas zu essen kaufen kann.

Irgendwie müssen wir drei nach Genf kommen, es ist das einzig Mögliche für Frédérics Pferde.

Midi und ich haben uns gegenseitig getröstet, sie war besonders lieb und zutraulich.

Wenn ich nur wüßte, was Frédéric von mir erwartet! Ich darf ihn nicht enttäuschen.

Jetzt ist es Abend. Nachmittags war ich auf einem Hof und habe ein kleines Halfter für Filou gekauft. Der Bauer war sehr nett und schenkte mir zwei Satteltaschen, als er hörte, was ich vorhabe. Die Satteltaschen werde ich gut gebrauchen können.

Als ich Monsieur Legrand von meinem Plan erzählte, sah er mich erstaunt an und sagte: „Du bist davon überzeugt, daß du das tun mußt, nicht wahr?“

Ja, das bin ich. Ich sehe keine andere Möglichkeit.

Er rief seine Frau und sagte ihr, daß ich zu Pferd nach Genf wolle.

„Ce n'est pas possible", murmelte sie. „Außerdem: So viel Mühe um zwei Pferde? Verkaufe sie doch!"

Nie! Es sind ja nicht irgendwelche Pferde, sondern Midi und Filou, die dem alten Gardian gehörten. Ich schüttelte den Kopf. Monsieur Legrand verstand das, er ist Pferdefreund.

„Was werden deine Eltern dazu sagen?"

„Ich weiß es nicht. Jetzt kann ich sie nicht mehr fragen. Wenn ich gut in Genf angekommen bin, werde ich Ihnen ein Telegramm schicken. Ist dann alles in Ordnung?"

„Ich weiß nicht, ob wir das verantworten können...", meinte Madame.

„Bitte, ich bin schon fünfzehn, lassen Sie mich einmal allein meine Verantwortung tragen. Ich weiß, daß ich es kann."

Ich muß noch einiges tun, bevor der große Ritt starten kann: 360 Kilometer. Wenn ich nicht zu schnell reite, um die beiden zu schonen, wird es etwa vierzehn Tage dauern. Also durchschnittlich sechsundzwanzig Kilometer pro Tag. Wenn wir langsam reiten, ist das etwa ein Vierstundenritt.

Den Rest des Tages können die beiden ausruhen und fressen.

Es müßte gehen, vier Stunden Ritt, der Rest des Tages und die Nacht Ruhe.

Jetzt werde ich erst einmal darüber schlafen. Morgen werden wir weitersehen.

Wieviel einfacher wäre alles, wenn Frédéric noch leben würde.

Arles, den 6. August

Schon vormittags beginne ich mit den Vorbereitungen für den Ritt nach Genf. Zuerst füttere ich Midi und Filou, die hinter Legrands Haus weiden. Ich will heute zum erstenmal Midi reiten. Wenn wir uns nicht von Reiter zu Pferd gut verstehen, platzt die Sache sowieso.

Zwei Stunden später bin ich wieder da.

Ich hatte Midi zuerst den Gardiansattel aufgelegt; sie rührte sich nicht. Sie ließ sich auch ganz ruhig aufhalftern, glücklicherweise hatte Frédéric keine Kandare.

Dann stieg ich auf. Midi war aufgeregt und verspannt. Nach einigen Minuten im Schritt löste sie sich und ließ sich beruhigen. Ich bemühte mich um einen lockeren Sitz und eine weiche Hand. Bald ging Midi in schönem Gleichgewicht mit sich und mir voran. Es dauerte auch nicht lange, bis ein Pfad unseren Weg kreuzte, der sich zum Galopp anbot. Midi gehorchte auf einen leichten Schenkeldruck. Ihre Gangarten sind flott und leicht auszusitzen, besonders ihr Galopp ist angenehm und schön. Sie ist herrlich eingeritten und gehorcht auf bloße Andeutungen von Zügel und Schenkel. Ich glaube, Midi hatte nichts dagegen, daß ich sie reite.

Nach zwei Stunden, in denen ich sie abwechselnd Schritt, Trab und Galopp gehen ließ, war sie leicht warm geworden, aber sie schwitzte nicht. Als ich absaß und ihr ein hartes Stück Brot zur Belohnung gab, prustete sie zufrieden.

Nach diesem Ausritt nahm ich Filou ans Halfter. Er kannte das nicht und weigerte sich zu gehen, bis ich den Halfterstrick an Midis Sattel band und anritt. Seiner Mutter folgte er sofort. Das klappte also soweit.

An den Sattel schnallte ich eine warme Decke, und die Packtaschen des hilfsbereiten Bauern wurden mit meinen Papieren, etwas Kleidung, meiner Zahnbürste und Fressalien gefüllt. Das Essen stammte von den Legrands.

Was ich mitnahm, war natürlich nicht viel, aber Midi durfte nicht schwer zu tragen haben. Sie hatte sowieso viel vor sich.

Morgen früh um fünf will ich losreiten. Morgens ist es noch nicht so heiß, und es gibt noch nicht so viele Mücken.

Monsieur Legrand hat in der Provence sehr viele Bekannte und Verwandte, er gab mir ein ganzes Bündel von Adressen. Diese Leute, meinte er, würden mir etwas zu essen oder einen Schlafplatz geben und mir weiterhelfen.

Auf drei sehr genauen Karten habe ich die Strecke eingezeichnet. Wir wollen über Tarascon, Avignon, Orange und Montélimar nach Valence kommen. Von da aus geht es weiter nach Romans an der Isère, Voiron, dann Annecy und die Schweizer Grenze. Von dort aus ist es nicht mehr weit bis Genf. Ich betete und hoffte, daß es klappen würde.

Als ich schon im Bett lag und alles fertig war, hüpfte Marie plötzlich aus den Federn und flüsterte mir zu: „Schläfst du schon? Ich habe etwas für dich. Du mußt es nehmen!“

Sie drückte mir ihr Etwas in die Hand und sprang ins Bett zurück. Es war ein Geldbeutel, der voller Münzen war. Ich zählte: genau hundert Francs. „Aber Marie“, sagte ich erstaunt.

„Es ist mein Taschengeld“, antwortete sie schnell.

„Marie, das geht doch nicht! Ich habe Geld, um durchzukommen. Du brauchst dein Geld für dich selbst!“ sagte ich überzeugt.

Marie ist süß, aber es geht nicht, daß sie mir ihr ganzes Geld gibt. „Wie kann ich dich dazu bringen, daß du es zurücknimmst?“

„Gar nicht!“ schwor Marie.

Plötzlich kam mir ein Geistesblitz. „Aber du magst Röcke, nicht wahr?“

Sie nickte, und ich zerrte voller Erleichterung meinen karierten Rock aus dem Koffer. Es ist ein hübscher Rock, aber ich kann ihn nicht leiden. „Gefällt er dir?“

„Ja!“ Sie nickte mit großen Augen.

„Gut. Er ist zwar nicht soviel wert wie dein Geld, aber du mußt ihn als Dank annehmen. Sonst hätte ich ein zu schlechtes Gewissen.“

Sie nahm ihn an, lächelte glücklich und sagte: „Merci, merci beaucoup, er ist schön. Vielen Dank! Ich werde immer an dich denken, wenn ich den Rock sehe."

Den Koffer, der jetzt glücklicherweise um einen gräßlichen Rock leichter war, wird Monsieur Legrand in zehn Tagen losschicken, so daß er ungefähr mit mir zusammen ankommen wird.

Ich räkelte mich behaglich in dem provenzalischen Bett – zum letztenmal im Mas Fernant. Morgen wird es losgehen.

Zwischen Tarascon und Avignon, den 7. August

Heute früh um vier hat mich Madame Legrand geweckt. Sie lächelte traurig. Sie halte nichts von so einem langen Ritt, es wäre doch besser gewesen, ich hätte alles mit meinen Eltern besprochen und einen Pferdetransporter besorgt. Aber das hätten sie nicht erlaubt, das wußte ich, und ich hätte auf Midi und Filou verzichten müssen.

„Und was soll sonst aus Midi und ihrem Fohlen werden?" fragte ich. Das wußte sie nicht recht, sie machte sich ja Sorgen um mich, nicht um die Pferde.

Ich stand auf und duschte. Vier Uhr morgens, das ist ziemlich früh, aber das kalte Wasser munterte mich auf. Danach fühlte ich mich frisch und tatendurstig.

Ich hopste in meine Klamotten – Hose und Hemd. Außer diesen Sachen habe ich nur noch einmal dasselbe und etwas Wäsche dabei. Zugegeben, das ist wenig, aber vielleicht komme ich unterwegs zum Waschen.

Monsieur Legrand war auch aufgestanden. Als er mich sah, drückte er mir einen breitrandigen Hut in die Hand. „Wegen Sonne, weißt du? Sonst blenden und Stich Sonne!"

Es war ein wasserdichter Gardianhut; ich fand es furchtbar nett von Monsieur Legrand, an einen Sonnenschutz für mich zu denken.

Die liebe Madame konnte es sich nicht verkneifen, mir ein voluminöses Frühstück herzurichten. Mit sanfter Gewalt brachte sie mich dazu, doppelt soviel zu essen wie sonst. Danach rollte ich auf Midi zu (gehen konnte man es wirklich nicht mehr nennen, so fett bin ich bei Madames reichlicher Verpflegung geworden). Sie wieherte zur Begrüßung. Nicht Madame, sondern Midi natürlich.

Ihre Mahlzeit bestand aus Heu, Hafer und Wasser und dauerte nicht halb so lange wie meine.

Sobald sie fertig war, sattelte ich sie und legte ihr die Packtaschen hinter den Sattel, wo man sie anschnallen konnte. Midis Trense hat kein Mundstück, auch kein Hackamore oder Bosal; es ist ein einfaches Halfter mit Zügeln, weil Frédéric Maulfreiheit für Midi wollte. Es ist auch kein Gebiß nötig, denn die Stute reagiert auf leichteste Schenkelhilfen, Gewichtsverlagerung und sanfte Berührung am Zügel. Midi ist eben die Beste!

Die Wolldecke von Legrands (echte Lammwolle!) legte ich ihr unter den Sattel, damit sie keine Druckstellen bekommt.

Filou ließ sich brav halftern und an seine Mutter binden.

Dann mußte ich mich von den Legrands verabschieden. Marie lief eine Krokodilsträne über das Gesicht. Sie wischte sie mit dem Handrücken fort, was eine wunderschöne braune Spur auf ihre Haut malte. Madame schluckte und guckte traurig-vorwurfsvoll. Der Hausherr bat mich, bald zu schreiben.

„Wir dich nicht vergießen“, sagte er und meinte vergessen. „Du schreibst bald, ja? Leb wohl, adieu, au revoir!“

Marie faßte meine Hand mit ihren beiden Händen und umarmte mich. „Du bist meine Freundin, Kristin. Du mußt mir bald schreiben!“ sagte sie auf französisch und küßte Midi auf die Nase. Von diesem Beispiel inspiriert, gab Madame mir einen Kuß auf die Wange.

„Oui, oui, ich werde bald schreiben“, sagte ich. „Merci pour tout, Sie waren viel netter zu mir, als ich es verdiene, vielen, vielen Dank. Au revoir, auf Wiedersehen, adieu! Werden Sie manchmal

Blumen auf Frédérics Grab legen? Ich hoffe, daß ich es ihm recht mache, was Midi betrifft. Au revoir!“

Nach nochmaligem Umarmen ging es los. Madame ließ ein Taschentuch im Wind flattern – sehr stilvoll!

Es war Punkt halb fünf.

Midi war sehr munter und trabte die ersten Kilometer zügig voran. Ihr kleiner Hengst hielt sich gut.

Manche Bauern, an denen ich vorbeiritt, grüßten freundlich und erkundigten sich, ob ich die Schweizerin sei, die nach Genf reite. So schnell spricht sich so etwas hier herum.

Wir trafen auch einen Gardianou, einen Hüterlehrling. Er guckte mich geringschätzig an und murmelte etwas von: „Frédéric... so was Dummes... kleiner Göre schönes Pferd zu geben...“ Obwohl er selbst einen lebhaften Schimmel ritt, war er eindeutig neidisch.

Schon nach anderthalb Stunden kamen wir nach Tarascon. Ich lenkte Midi an der Stadt vorbei. Mir liegt mehr an pferdemäßigen Wegen als an der Tarasconer Festung mit den dicken Mauern.

Zwischen den Feldern, an denen wir vorbeikamen, stehen hier in der Gegend oft Zypressen- oder Rohrgeflechtreihen. Das ist ein Schutz vor dem Mistral, dem trockenen, kalten Wind, der oft tagelang weht und vor dem die kleineren Pflanzen bewahrt werden müssen.

Momentan sitze ich bei sehr netten Bauersleuten, Bekannten von Legrands, die einen Hof zwischen Avignon und Tarascon besitzen.

„Wir haben im Gästezimmer Platz für Sie, wollen Sie nicht über Nacht hierbleiben, Mademoiselle?“ fragte mich der Bauer. „Freunde von Pierre Legrand sind bei uns immer willkommen.“

Klasse! hätte ich fast gerufen, aber ich verbiß es mir und antwortete ganz höflich: „Wenn Sie nichts dagegen haben, gern!“

Sie haben eine Koppel hinter dem Haus, Midi galoppierte und buckelte vergnügt darauf herum, nachdem ich ihr Sattel und

Halfter abgenommen hatte. Filou bediente sich an ihrer „Tankstelle“ mit Milch und legte sich dann zum Schlafen hin.

Während wir Zweibeiner an einem schweren Holztisch saßen, fragten mich meine Gastgeber gründlich aus. Als ich die ganze Geschichte erzählt hatte, weinte die Bäuerin.

„Wir haben Frédéric gekannt. Er war ein guter Mensch. Unser Sohn Jeannot hat bei ihm das Stierehüten gelernt.“

Jeannot wurde bei einem Stierspiel von einem aufgebrachten Rind getötet. Solche Unglücksfälle kommen hier immer wieder vor. Aber auch wenn man dabei Söhne verliert, das gefährliche Spiel mit dem Stier wird nicht aufgegeben.

Morgen will ich wieder möglichst früh losreiten. Wie schon gesagt, der Mücken wegen!

Insekten plagten mich hier auf Schritt und Tritt. Den weißen Pferden und den schwarzen Rindern machen sie nichts aus, die Gardians finden sich damit ab, aber ich bin zum erstenmal hier, mich stören die bissigen Biester noch sehr. Zuerst hopste ich um mich schlagend und quiekend durch die Gegend, so daß meine Mitmenschen denken mußten, ich sei übergeschnappt. Inzwischen helfe ich mir durch ein langärmeliges, aber leichtes Hemd und Jeans. Lieber einen Sonnenstich als einen Mückenstich.

Der Sombrero von Monsieur Legrand ist sehr vielseitig. Er dient mir als Hut, als Fächer, als Fliegenklappe, als Teller und als Kopfkissen. Wenn wir mal an einen Bach kommen, wird er seine Tauglichkeit als Schöpfgerät unter Beweis stellen müssen.

Midi und Filou haben mich jetzt ganz gern, glaube ich. Weil ihr eigentlicher Herr gestorben ist, bleibt ihnen auch nicht viel anderes übrig. Midi hört schon auf den Pfiff, den ich von Frédéric gelernt habe, und Filou gehorcht meistens, wenn ich ihn rufe.

Seit einer Viertelstunde überlegte ich mir, was ich mit dem angebrochenen Nachmittag anfangen sollte.

Auf einmal kam der Bauer strahlend herein und sagte: „Wir haben nicht oft Besuch. Ich möchte nicht, daß Sie sich langweilen,

Mademoiselle. Haben Sie Lust, nach Les Baux zu fahren?"

Ich mußte zu meiner Schande gestehen, daß ich keine Ahnung hatte, was das war. Ein Gehöft, ein Wald, eine Stadt? Der Bauer bemerkte meinen verwirrten Gesichtsausdruck und erklärte: „Les Baux, das ist die berühmte Felsenstadt. In den Fels und aus dem Fels gebaute Häuser und eine Burgruine. Eine richtige Touristenattraktion. Im 13. Jahrhundert lebten dort fast 6000 Menschen, heute sind es noch etwa fünfzig. Von der ehemaligen Stadt sind nur noch Ruinen übriggeblieben, ein Teil wurde allerdings restauriert. In der Nähe kommen Erze vor, das Bauxit hat seinen Namen sogar von Les Baux. Wollen Sie das alles sehen?"

Das war eine interessante Sache, fand ich. Es schien eine Bildungslücke bei mir zu sein, also nichts wie hin!

Madame la Bäuerin blieb zu Hause, während ihr Mann und ich aufbrachen. Das Auto war sein ganzer Stolz. Um es mir von seiner besten Seite zu präsentieren, kurvte der Bauer in einem Tempo durch die engen Straßen, daß mir angst und bange wurde.

Die Gegend wurde gebirgig, überall erhoben sich bizarre Felsen zum Himmel. Ich konnte den Anblick leider nicht so recht genießen, denn mein Gastgeber zeigte mir die wahre Fahrkunst der Franzosen. Selbst in den engsten Kurven ließ er sich nicht dazu verleiten, seine Augen zu benutzen. Statt dessen hupte er durchdringend und gab Vollgas. Als er mich beifallheischend angrinste, nickte ich lächelnd, aber vermutlich sehr verkrampft.

Doch wir kamen erstaunlicherweise lebend an. Er bremste nämlich auf einmal. Ich sah mich erstaunt um. Weit und breit kein Les Baux. Schließlich wanderte mein Blick die steile Felswand hinauf, die sich gleich neben der Straße erhob. Was war denn das, da oben auf dem Berg? Eindeutig Häuser, graubraune Häuser, die man kaum sah, weil sie dieselbe Farbe hatten wie das Gestein. Sie schienen am Felsen zu kleben, über ihnen thronte eine Burgruine.

Mein Gastgeber hatte recht: das war imposant. Er hatte seinen Spaß daran, daß ich mir, beeindruckt und neugierig, die Augen fast aus dem Kopf starrte.

Dann gab er wieder Gas, und wir flitzten die steile Straße hinauf. Dort oben war ein großer Parkplatz, der von Autos aus verschiedenen Ländern bevölkert wurde. Durch ein Tor wanderten wir nach Les Baux hinein. Der restaurierte Teil, in den man zuerst eintrat, bestand aus engen Gassen. Kopfsteinpflaster. Schmale, hohe, graue Häuser. Einige davon waren Antiquitätenläden, wo Postkarten, Souvenirs, Körbe und Krüge verkauft wurden, um die die Besucher sich reißen. Ein Hund sonnte sich auf einem Fensterbrett, eine graue Katze stolzierte über die Ziegeldächer, aber wer sah sie schon? Alle wollten zum Ruinenteil der Stadt, Cité morte genannt.

Um zu den Ruinen zu kommen, mußte man Eintritt bezahlen. Zwei Francs. Viel Geld für meinen mageren Beutel.

Über eine steinige, karge Wiese wanderten wir zum Rest eines Turms. Von hier aus hatten wir einen schönen Blick auf die gesamte Tote Stadt. In der Umgebung waren links überall Felsen zu sehen, riesige, kleinere, Höhlen und Spitzen. Rechts war ein steiler Abgrund. Dort unten, vielleicht an die zweihundert Meter unter uns, begann eine Ebene, die sich bis zum Horizont erstreckte. Da lagen Felder, Wiesen und Höfe. Das war die Crau, linksrhônischer Nachbar der Camargue.

Dann gingen wir auf die Cité morte zu. Zuerst begegneten wir der Ruine eines Hauses. Das ganze Dach fehlte, die Tür auch. Überall Ruinen.

In der Toten Stadt lag ein Felsen, eine Ruine neben der anderen. Rechts schützt eine dicke, hohe Mauer vor dem Abgrund. Ich kletterte eine steile, krumme Treppe hinauf. Oben auf der Mauer hatte man einen weiten Blick in die Ebene. Der Boden dieser jahrhundertealten ehemaligen Stadtmauer war uneben, und ich beeilte mich, mit heilen Knochen wieder herunterzukommen. Denn die Mauer war hoch genug, daß man tief fallen konnte.

Wir gingen gemächlich weiter. Ein Baum, an dem sich der Efeu bis zum Wipfel rankte, stand auf unserem Weg zu einem Torbogen, der den Eingang zu einem kleineren Raum bildete. An allen drei Wänden waren schuhkartongroße Hohlräume, einer neben dem anderen. Das sei einmal ein Brieftaubenschlag gewesen, erklärte mir mein Gastgeber.

Das, was ich von unten für eine Burg hielt, bestand nur noch aus einer Wand. Früher war es einmal eine Festung. „Alles zerstört", murmelte ich. „Wer war das eigentlich?"

„Ein Herzog von Guise", sagte der Bauer, „während der Hugenottenkriege."

Wir kletterten über viele Stufen, Felsen und Mauern. Es läßt sich gar nicht alles beschreiben, was wir dabei gesehen haben. Beeindruckend war die graue, stumme, uralte Würde der Ruinen. Sich vorzustellen, daß sie alle einmal eingerichtete Häuser voller Menschen, voller Leben waren!

Im renovierten Teil von Les Baux wäre noch eine kleine Kirche, die ich mir ansehen müßte, sagte der Bauer.

Also stapften wir weiter über das Kopfsteinpflaster, durch enge Gassen. Die Kirche war schlicht, grau, mit Marienbildern, von Kerzen angestrahlt. In einer Ecke stand ein Wägelchen. Der Bauer erklärte mir, das würde bei einer jährlichen Prozession von einem Lamm gezogen. Daneben hing eine Gedenktafel. Das Wägelchen hatte Rainier von Monaco gestiftet.

Als wir danach auf ein bestimmtes Haus zuwanderten, mußte ich meine Gedanken, die ich mir auf der Fahrt gemacht hatte, korrigieren. Ich hatte nämlich überlegt, ob es in der Felsenstadt Wasser und Strom gibt oder ob die Menschen hier wie Neandertaler hausten, rohes Fleich verspeisten und ganz primitiv lebten.

Na, jedenfalls war das Käse. Eine völlig zivilisierte junge Frau kam aus dem Haus gerannt, lief uns entgegen und umarmte den Bauern. Es war seine Tochter, die den Inhaber eines Souvenirladens geheiratet hatte.

„Es kommen viele Besucher nach Les Baux, nicht wahr?" erkundigte ich mich.

„Oui, oui", nickte sie.

Vielleicht war es schade, daß ich nicht dazukommen werde, mir die Sehenswürdigkeiten Südfrankreichs anzusehen. Midi interessierte sich bestimmt nicht für alte Burgen, Schlösser oder bröckelnde Ruinen. Und mir lag jetzt gerade mehr an lebendigen Pferden als an totem Stein.

Als der Bauer und ich zurückkamen, begrüßte uns seine Frau an der Haustür. Ob es schön war? Ob mir Les Baux gefallen habe? Und – das betonte sie – ob ihr Mann vernünftig gefahren sei?

Ich sagte zu jeder Frage ja. Beim drittenmal linste ich zu meinem Gastgeber hinüber. Der grinste vergnügt und nickte mir zu.

Madame war sehr um mein Wohlergehen bemüht. Sie tischte mir ein Abendessen auf, das mich noch näher an die Grenze des Platzens brachte. Ob sie fürchtete, bei gemäßigteren Mengen als geizig zu gelten?

Nach einem Blick auf die Koppel – Pferde okay, Madame hatte sie mit Heu gefüttert – hüpfte ich in das breite, bequeme Bett. Jetzt war ich wirklich müde. Gute Nacht, Midi. Gute Nacht, Filou.

Orange, den 8. August

Das freundliche Ehepaar ließ mich heute früh ungern fortreiten. Bevor ich um fünf Uhr aufbrach, sagte die Bäuerin, daß ein so langer Ritt nichts für ein junges Mädchen sei, besonders weil ich nicht einheimisch bin.

Ich bedankte mich für ihre Gastfreundschaft, aber von meinem Plan ließ ich mich nicht abbringen; in der Beziehung habe ich einen ziemlichen Dickkopf.

Midi und Filou wirkten zwar nicht richtig müde, aber sie waren nicht mehr ganz so übermütig wie gestern. In ein paar Tagen werden sie sich bestimmt an den neuen Rhythmus gewöhnt haben.

Wir legten durchschnittlich acht Kilometer pro Stunde zurück. Um ungefähr sechs Uhr galoppierten wir, mit uns und der Welt zufrieden, über eine Wiese.

Plötzlich schoß ein großer brauner Hund auf uns zu. Die Pferde schraken zusammen; Filou bäumte sich ängstlich auf, und seine Mutter versuchte, davonzurasen. Ich hatte alle Hände und Beine voll zu tun, bis sie sich beruhigten. Der Hund fletschte die Zähne und sah nicht besonders liebenswürdig aus. Er trabte gewichtig um Midi herum, um sie am Weitergehen zu hindern. Filou drängte sich eingeschüchtert an seine Mutter und wieherte kläglich. Er kannte Hunde von der Camargue her, wenn sie den Schäfern halfen, aber sie hatten bisher nie versucht, ihm auf die Pelle zu rücken.

„Mach, daß du fortkommst!“ rief ich dem Hund zu, aber er dachte nicht daran, sich aus dem Staub zu machen. Ich fuchtelte mit den Armen in der Luft herum, aber er sah mich nur mit angehobener Vorderpfote und schiefgelegtem Kopf an.

„Du bist ein wundervoller, schöner Hund. Ich hätte jederzeit Lust, mit dir auszureiten, bestimmt, aber so leid es mir tut, ausgerechnet heute habe ich keine Zeit! Vielleicht ein anderes Mal? Okay? Dann laß uns bitte vorbei!“

Meine Süßholzraspelei imponierte ihm auch nicht. Wenn ich Midi zur Seite lenkte, um weiterzureiten, schob er sich wieder vor uns. Wir drehten um, ssst, war er wieder vor Midis Nase. Einmal schnappte er sogar nach ihrem Bein, aber ein kurzes Ausschlagen wies ihn zurück. Was tun? Ich sah weit und breit kein menschliches Wesen, dem dieser aufdringliche Hund gehören konnte. Wen wollte er also vor uns beschützen? Als Filou sich zögernd

4 9944-10

bewegte, sprang ihn der Braune auf einmal an. „He, laß das gefälligst“, brüllte ich. Ich habe Hunde gern, ehrlich, aber sie sollen meine Pferde in Ruhe lassen.

Urplötzlich stand ein Mann neben dem struppigen Vierbeiner und rief ihm einen Befehl zu. Der Hund verharrte einen Augenblick und trabte dann, ganz brav und wohlerzogen, auf seinen Herrn zu.

„Ist das Ihr Hund?“ wollte ich wissen.

Der Mann nickte und entschuldigte sich für den Rüden. „Er dachte, daß er mich beschützen müsse, wissen Sie? Wie kommen Sie denn hierher? Und wo wollen Sie hin? Gehören die Pferde Ihnen?“

Ich antwortete so kurz wie möglich. Es wäre am besten, wenn ich mir ein Schild mit der ganzen Pferdegeschichte umhängen würde, dann hätte ich nicht immer so viele Fragen zu beantworten.

Als ich sagte, ich sei auf dem Weg nach Genf, machte er ein nachdenkliches Gesicht. „Von der Camargue in die Schweiz? Dann haben Sie hoffentlich auch Impfschein und Papiere für die Tiere bei sich?“

Mir sank das Herz. Daß ich daran nicht gedacht hatte! Ich biß die Zähne aufeinander und schimpfte mich innerlich einen Deppen. „Nein, das habe ich nicht bei mir!“

Er zog die Brauen hoch. „Das ist schlecht. Aber es wird vielleicht auch so gehen. Nachts... an einer unüberwachten Stelle... leise... da kommen Sie schon rüber. Wenn nicht, wird es in der Nähe der Grenze einen Amtstierarzt geben.“

Die einzigen Papiere, die ich bei mir habe, sind Frédérics Testament mit der Unterschrift des Rechtsanwalts und mein Reisepaß. Mir gefiel der Gedanke, nachts über die Grenze zu gehen, nicht sonderlich, aber so wie die Sache aussah, blieb mir nichts anderes übrig.

Der Mann sah mir meine Sorge an und sagte seelenruhig: „Ich

war schon oft im Ausland, in der Schweiz zum Beispiel, um an billigere Zigaretten zu kommen. Glauben Sie, ich hätte mich dabei um die Zollmenschen gekümmert? Non, non, Mademoiselle, die können Sie vergessen. Über die Grenze käme ein Omnibus voll Schnaps, ohne kontrolliert zu werden."

Eigentlich ist es unsinnig, mir den Kopf jetzt darüber zu zerbrechen. Erst einmal muß ich die Grenze erreichen!

Midi scharrte mit den Vorderhufen und schnaubte ungeduldig.

„Ich muß jetzt weiterreiten, meine Stute wird schon unruhig. Au revoir."

Wie das klang – meine Stute! Im Grunde genommen hatte ich das Gefühl, sie gehörte noch Frédéric. Es war eben seltsam, auf einmal ein Pferd zu besitzen, von dem man bisher nur geträumt hatte.

„En avant, Midi", ich trieb sie zum Galopp an, „wir müssen heute noch bis Orange, meine Gute."

Midi und ihr Sohn mußten noch viele Kilometer gehen und traben, bis wir nach Orange kamen. Von Avignon bis Orange – das sind immerhin an die siebenundzwanzig Kilometer!

Während der letzten Viertelstunde benutzten wir eine Straße. Ich führte Midi, um ihre Beine zu schonen. Manche Reiter lassen ihre Pferde auf Asphalt traben, aber sie ruinieren damit die Sehnen und Gelenke der Pferdebeine.

Wenn ich nur wüßte, wo es hier einen Hufschmied gibt! Ich möchte Midi beschlagen lassen, sonst werden ihre Hufe bald spröde. Ob es in Orange einen gab?

Legrands hatten hier Verwandte. Midi und Filou genossen gerade die Weide von Madame Legrands Cousine. Eben wurde ich ausgiebig gefüttert. Man wollte mich absolut nicht verhungern lassen.

Nach der Fütterung der Raubtiere marschierte ich los, um Orange auf eigene Faust zu erkunden. Ein Triumphbogen und ein antikes Theater waren laut meiner Gastgeberin die Hauptattraktionen. Auf denn!

Den Arc de Triomphe fand ich bald, denn das ganze Städtchen war mit Schildern bestückt. „Théâtre antique" links, „Arc de Triomphe" geradeaus.

Der Triumphbogen stand auf einem runden, von Platanen beschatteten Platz, um ihn herum dienten ein Meter hohe Pfeiler mit herunterhängenden Ketten und dazwischen gepflanzte Büsche als stilgerechter Rahmen. Das zweitausend Jahre alte Monument war aus grauem, ehrwürdigem Stein, überall sah ich in den Stein gehauene Figuren.

Ich war nicht allein hier, um mich herum wimmelten Menschen aus allen Ländern der Welt.

Ich ließ den dicken Torbogen hinter mir und wandelte eine Allee hinauf. Dabei kam ich an einem Korbhändler vorbei: Körbe, große und kleine Schalen, Rohrgeflechthocker und Spiegel mit einem Rahmen aus Weidenzweigen und so weiter. Die Spiegel hatten es mir angetan, aber ich konnte ja beim besten Willen hoch zu Roß keine zerbrechlichen Sachen mitnehmen. Abgesehen davon waren sie unverschämt teuer.

Trotz der vielen Wegschilder landete ich nicht beim Theater, sondern auf einem steilen Weg, den ich hinaufstapfte, ohne zu wissen, wohin er führte. Erst einmal an einem Friedhof vorbei, dessen Wege, Gräber und Gedenktafeln aus Marmor waren. Oben auf dem Weg lag ein Campingplatz, daneben ein Park. Weil es zwischen den Bäumen so frisch nach Wald roch, ging ich den Kiesweg entlang. Schließlich kam ich bei einer kleinen Statue an, bei der ein Schild stand: Square de la reine Juliana. Dort war einmal die niederländische Königin gewesen und hatte eine Eiche gepflanzt. Man gab dem kleinen Platz ihren Namen.

Ein paar Meter weiter erhob eine Marienstatue ihren Arm zum Himmel. Wenn man genau vor ihr stand, blies einen der Wind fast um, aber der Blick auf das antike Theater, das genau am Fuß des Hügels lag, auf dem der Park sich erstreckte, war phantastisch.

Man sah die steinernen Sitzbänke, die im Halbkreis die Fläche, wo früher geschauspielert wurde, umgaben. Das Theater war nicht rund wie eine Arena, sondern halbmondförmig, wie es sich für ein griechisches Theater gehörte.

Nachdem ich auf einem winzigen steilen Pfad wieder in die Stadt hinunterging, die von oben wie ein hellrotes Dächermeer aussah, und ein italienisch anmutendes Viertel durchquerte, sah ich die Frontseite des Theaters. Alt, steinern, mächtig und abbröckelnd.

Ich finde solche Monumente ganz interessant, aber ein rasender Tourist-Typ bin ich nicht. Deshalb marschierte ich jetzt zurück zu meinen Gastgebern. Ich hatte genug gesehen.

Legrands Verwandte hießen mich zwar willkommen, als ich heute mittag mit Midi dahergeritten kam, aber sie hatten kein Bett frei. Macht nichts! Ich schlafe im Stall. Eine dicke Schicht von goldgelbem Stroh und eine Decke – also, ich finde es gemütlich!

Ich habe total vergessen, mich zu waschen, aber das stört einen wahren reisenden Tramp nicht.

In der Nacht träumte ich verwirrte Geschichten. Marie Legrand verhaute meine Mum, Paps stieß Madame Legrand vom Triumphbogen herunter, Monsieur ritt Filou, und ich spielte mit Frédéric und Midi Stierkampf. Ich fürchte, vor lauter Erleben bin ich leicht schwachsinnig geworden.

Als sich gerade alle gegenseitig verprügelten, wachte ich auf. Die Sonne schien durch das kleine Stallfenster. Guten Morgen!

Ein Dutzend Kilometer vor Montélimar, den 9. August

Heute morgen hat mich der Hund meiner Gastgeber geweckt. Er rannte im Stall herum, schnüffelte an meinen Füßen und stupste meine Hand mit seiner feuchten Nase an.

Ich war gerade noch einmal eingeduselt, nachdem mich die Sonne geweckt hatte; jetzt, nach dem Besuch des Hundes, stand ich endlich auf. Der Vierbeiner sauste begeistert bellend zum Haus, um zu melden, daß die Fremde wach sei.

Die Bäuerin sagte freundlich guten Morgen und schob Kaffee und ein baguette de pain vor mich hin. Ich fand es aufmerksam von ihr, mir nach dem Frühstück ein Stück Kuchen (für mich) und zwei Mohrrüben (für Midi) zu geben. Das sei für den langen Ritt.

Midi ließ sich erst nach einer kleinen Jagd fangen und schnaubte ergeben, als ich sie sattelte. Aber sobald ich fertig war, scharrte sie mit dem Huf und stieß mich ungeduldig in den Rücken.

Ihr kleiner Sohn war etwas müde. Der Hofbesitzer gab mir ein bißchen Hafer, aber Filou mochte ihn nicht. Das ist auch zuviel verlangt von einem eben fünf Wochen alten Fohlen. Midi ließ sich den Hafer um so besser schmecken.

Wir verabschiedeten uns und machten uns auf den Weg. Midi ging munter voran. Ich lenkte sie mitten durch Orange, weil ich den großen Umweg um die Stadt herum vermeiden wollte. Wir kamen am Triumphbogen vorbei, aber das römische Bauwerk imponierte den Vierbeinern nicht. Sie stapften ungerührt daran vorbei.

Die Straßen von Orange waren wie leergefegt. Selten ging ein Fußgänger an uns vorbei, kaum mal ein Auto oder ein Moped.

Heute ist unser dritter Tag. Die beiden Rösser benahmen sich ruhiger als gestern, aber erschöpft sind sie nicht gewesen; Midi hat sogar schon festere Muskeln bekommen. Sie wird zum Schluß bestimmt ein perfektes Langstreckenpferd geworden sein.

Auf der Karte habe ich mir angesehen, daß es zu weit ist, heute noch bis Montélimar zu reiten. Dort wohnen Freunde der Legrands, da ich aber vorher halten werde, muß ich auf einen anderen Unterschlupf für die Pferde und mich hoffen. Höfe gibt es hier leider weniger, die Gegend gehört dem Weinbau.

Einige Kilometer nördlich von Orange trafen wir auf einen reißenden Fluß. Das Wasser hüpfte in wilden Strudeln über die hellen Kiesel.

Ich hatte keine Lust, mein Fohlen da durchzutreiben, und nahm deshalb die Straße. Die Brücke sah stabil aus und überlebte es auch erstaunlicherweise, daß wir auf ihr die Aygues überquerten. Es ist praktisch, daß neben den Flüssen in Frankreich meistens ein Namensschild steht; sonst müßte ich jedesmal erst die Landkarte aufschlagen. Später hatten wir ein Rendezvous mit der Rhône. Sie begleitet uns bis Genf, auch wenn wir sie nicht immer sehen. Im wasserreichsten Fluß Frankreichs sollen meines Wissens schon mehrere Menschen ertrunken sein. Darauf verzichte ich!

Stundenlang geschah nichts Aufregendes. Midi ging gehorsam Schritt, Trab oder Galopp, Filou durfte unangebunden nebenherlaufen, und ich ließ mich im knarrenden Gardiansattel wiegen, döste oder betrachtete die Landschaft.

Da wuchsen Pfirsich-, Maulbeer- und Ölbäume, Gemüse und Reben, Obst-, zum Beispiel Kirschbäume, und so weiter. Die Gegend war eben, rund um uns her Felder und Wiesen, rechts und links am Horizont erhoben sich felsig bizarre Berge, spärlich bewachsen. Vor einem kleinen Dorf namens Mornas sah ich eine Ruine.

Es gab immer wieder Platanen, die wie Doggenohren kupiert waren. Ein Mercedes fuhr an uns vorbei, der schwarzbärtige

Jüngling am Steuer machte mir ein Peace-Zeichen. Er war so schön, daß ich ihn gerne als Souvenir mitgenommen hätte. Was für ein prächtiger Kommodenschmuck...

Entschuldige, liebes Tagebuch, ich spinne schon wieder.

Wir kamen immer wieder durch graue, verfallene Dörfer, in denen interessante alte Kirchen standen. In den Bergen rechts von mir stach ein Felsen hervor, der wie eine Festung aussah. Später kamen wir durch ein Dorf namens Pierrelatte, in dessen Mitte ein Felsen stand. Einfach so; nichts drauf, nichts drunter – plauz, da steht er! Es wird in einer Sage erzählt, daß ein Riese diesen Stein dort hingestellt habe.

Ich liege gerade, es ist jetzt Abend, auf einer eingezäunten Wiese. Sie gehört einem Weinbauern, der zwar kein Bett und keinen Stall für mich hatte, aber mir dafür diese Wiese zum Übernachten anbot. Deshalb liege ich also hier in meine Lammfelldecke eingerollt. Alles, was zu mir gehört, liegt nur eine Armlänge von mir entfernt: Sattel, Packtaschen, Halfter von Filou und Midis Trense.

Midi weidet mit Genießermiene das Gras ab, während sich ihr Sohn unter einige Zypressen gelegt hat und schläft.

Wenn ich daran denke, was für ein seltsamer Mensch uns nur ein paar Kilometer von hier entfernt begegnete, muß ich unwillkürlich grinsen. Das war so: Wir ritten ganz gemütlich an einer Straße entlang, als plötzlich mit quietschenden Bremsen ein Wagen neben uns hielt. Ein schwarzhaariger junger Mann sprang heraus. Er war groß und schlank, trug einen dunklen Pullover, eine schwarze Hose und eine dunkelbraune Brille. Er hatte einen gestriegelten schwarzen Vollbart. „Parlez-vous français?" sagte er und sah mich an.

„Seulement un tout petit peu." Auf gut deutsch: nur ganz wenig.

„Sie schpreschen aber dütsch?" bohrte er weiter. „Très bien. Isch kann auch dütsch räden. 'örst Sie, Mademoiselle, mir ist Journalist. Isch 'abe ge'ört, Sie reiten à Genève?"

Woher wußte der Typ, daß ich nach Genf reite?

Er hielt mir eifrig eine Zeitung unter die Nase und radebrechte weiter: „Schau Sie, das mein Journal! Größte in Montélimar, très connu. Isch dächte, daß Leser wollen gern Interview mit Reiter-Mädchen à la Suisse, dursch France. Sie mir erlauben Interview?"

Die Zeitung sah vernünftig aus. Keine entblätterten Frauen, sondern nur ein paar politische Größen und aktuelle Themen.

Der Bärtige zeigte mir seinen Reporterausweis und guckte fragend.

Meine Eltern würden die Zeitung kaum zu sehen bekommen, aber die Einheimischen würden mir vielleicht eher weiterhelfen, wenn sie in der Zeitung von mir gelesen hatten.

Ehe ich mich versah, fing der Reporter schon an. „Wie 'eißen Sie?"

„Kristin S. Der Nachname braucht nicht dazustehen, oder?"

„Non, ce n'est pas necessaire. Wie alt sein Sie?"

„Fünfzehn."

Er fragte weiter, nach meinem Heimatort, nach den Ferien in der Camargue, woher das Pferd stamme, welche Rasse, was ich mit Midi in Genf tun würde und so weiter. Ich bemühte mich, den rasenden Reporter zufriedenzustellen. Er fragte mich aus, bis ich glaubte, daß er nun genug hatte für seine Story. Sein Redestrom schien versiegt zu sein. Plötzlich prasselten neue Fragen auf mich herunter: wie es mir gefiele, ob es anstrengend sei, was ich bisher gesehen hätte, ob die Franzosen hier gastfrei seien... und so weiter.

Schließlich kramte er eine Kamera hervor und knipste uns drei ein paarmal. „Sein Sie morgen in Montélimar?" wollte er abschließend wissen.

Als ich ja sagte, gab er mir einen Gutschein und erklärte: „Dann kann Sie Zeitung abholen, mit Berischt!" Er stieg in seinen Wagen, hob grüßend die Hand und fuhr davon.

Midi, Filou und ich in der Zeitung! Bisher stand ich in meinem

Leben erst zweimal im Tagesblatt. Einmal die Notiz, daß ich geboren war, das andere Mal hatte ich in einem Kinder-Malwettbewerb gewonnen.

Aber jetzt würden wir bekannt werden: Mädchen reitet durch Frankreich, Fünfzehnjährige mit Stute und Fohlen unterwegs!

Vermutlich wird es keine Menschenseele interessieren, aber es ist doch spannend, in der Zeitung einen Bericht über sich selber zu lesen. Mit Bild sogar, ha!

Tagebuch, gute Nacht, an meinen närrischen Gedankensprüngen merkst du, daß ich müde bin. – Schlaft gut, Pferde, träumt süß!

PS: Inzwischen ist es hellichter Tag, aber eine Sache, die mir gestern abend passiert ist, muß sich das Tagebuch noch gefallen lassen:

Ich war gerade eingeschlafen, in den Ohren das malmende Geräusch der Pferdezähne. Plötzlich schreckte ich hoch. Ein Blick auf die Leuchtziffern meiner Armbanduhr: 11.30!

Ein Schmatzen und Knirschen brachte mich auf die Füße. Ich spitzte die Ohren und horchte angespannt in die Nacht hinaus. Diebe, Überfall?

Da sah ich im schwachen Licht eine Bewegung. Midi! Die schöne Stute stand vor meinen Satteltaschen und zupfte daran herum. Ich erstarrte vor Verblüffung. Im nächsten Moment ging ich auf sie zu. Als sie forttrabte, hielt sie das Stück Kuchen zwischen den Zähnen, das ich für mich als Frühstück gedacht hatte!

Sonst war nicht viel kaputt, nur alles durcheinander. Bei idyllischem Mondschein suchte ich meine Siebensachen zusammen.

Dieses war der erste Streich – o du freche Midi, als Abendessen für eine Pferdeschnauze war mein Zeug nicht gedacht!

Montélimar, den 10. August

Montélimar, eine Stadt mit ungefähr 22000 Einwohnern, liegt am Roubion und ist bekannt für seine Nougat-Herstellung. Ich habe mir gleich bei der Ankunft ein kleines Stück gekauft. Das Zeug ist mordsteuer. Es schmeckte mir – und Midi – ehrlich gut. In Deutschland versteht man unter Nougat eine Art Schokolade, hier ist es so etwas ähnliches wie Türkischer Honig mit Nüssen oder Mandeln. Es gibt davon viele Sorten: Honig, Kaffee, Früchte oder auch die Grundformen: tendre (weich) und dur (hart).

Die ganze Stadt ist mit Nougatreklameschildern beklebt. Mit roter Farbe steht es an Hauswänden, man liest ‚Nougat' an Schaufenstern, über Ladentüren – Nougat, Nougat, Nougat.

Neben seinem Nougat hat Montélimar auch noch ein altes Stadttor, über dem in den Stein geritzt steht: Sous le règne de Louis XIV, Unter der Herrschaft Ludwigs des Vierzehnten. Es gibt hier auch eine Burg, aber die habe ich nicht gesehen.

Der Ritt dauerte heute früh nur zwei Stunden, den Rest des Tages können sich die Pferde ausruhen. Um halb acht Uhr kamen wir hier an, nachdem wir eine Weile in der Stadt herumgeirrt waren.

Ich ritt eine Allee zwischen weißen Häusern entlang und kam zum Markt. Dort war Hochbetrieb. In dem Gewühl, wo geschäftig aussehende Landfrauen herumliefen und rotköpfige Händler ihre Ware anpriesen, fand ich mich nicht zurecht.

Neben mir wurden drei Ferkel in einen Anhänger geladen. Sie sträubten sich, aber der bullige Mann war stärker. Er packte sie gefühlsroh am Genickfell und warf sie in den Hänger, ohne ihr jämmerliches Geschrei zu beachten.

Eins der zukünftigen Schnitzel entwischte und sauste, mörderisch quiekend, zwischen Midis Beinen hindurch. Midi bäumte sich erschrocken, die Frauen wichen kreischend zur Seite; so hatten wir wenigstens Platz.

Der dicke Mann grapschte nach dem kleinen Tier, stopfte sich das Ferkel unter den Arm und sagte mir, wohin ich reiten müßte, um zu den Leuten „mit dem Pony und dem Esel“ zu kommen, deren Adresse mir die Legrands gegeben hatten.

Das Haus der gast- und tierfreundlichen Familie liegt außerhalb von Montélimar im Grünen. Das steht dem weißen Haus gut. Eine große Wiese am Haus eingezäunt, in einer Ecke steht ein schlichter, praktischer Laufstall.

Als Midi, Filou und ich ankamen, trabten uns ein falbes Pony und ein schwarzer Esel mit weißem Bauch entgegen. Madame Roudier erklärte, das Pony sei ein Konik aus Polen.

Midi und ihr Fohlen durften sofort auf die Koppel und tobten da so lebhaft mit den beiden anderen herum, daß mich Madame fragte, ob es wirklich stimme, daß meine beiden schon über hundert Kilometer zurückgelegt hätten.

Nachdem die erste klangvolle Begrüßung vorbei war, legte sich Filou unter ein paar Bäumen zum Schlafen hin. Midi stellte sich halb über ihn, mit hängender Unterlippe, den Hinterhuf angewinkelt, und wedelte mit dem Schweif die Fliegen fort. Der Konik und der Esel dösten Kopf an Kopf.

Madame Roudier bot mir ein Frühstück an. Da mir bekanntlich ein gewisses Weibsbild namens Midi meinen Kuchen aufgefressen hat, sagte ich fast unhöflich schnell: „Danke, gern!“

Die Menschen hier in Südfrankreich wollen sich anscheinend immer wieder gegenseitig übertrumpfen, was meine Ernährung anbelangt.

Eine zweite Angewohnheit aller meiner bisherigen Gastgeber war es, mich bis aufs Hemd auszufragen. Madame Roudier tat das voller Eifer. Ihr Mann ist übrigens Bäcker in Montélimar, sie haben zwei Kinder.

Als Madame die Geschichte mit dem Reporter gehört hatte, sprang sie auf und schrie, so daß ich dachte, das Haus werde zusammenstürzen: „Sebastien, viens, tout de suite!"

„Oui, oui, maman!"

„Alors, dépêches-toi!"

Ihr elfjähriger Sohn rutschte auf dem Hosenboden die Treppe hinunter und landete vor den Füßen seiner Mutter. Sie sagte, er solle sofort mit mir in die Stadt reiten und die Zeitung holen. Ich glaube, Madame ist ein bißchen neugierig.

„Non, non", rief ich dazwischen, „Midi soll sich ausruhen, ich möchte sie nicht schon wieder reiten."

Madame Roudier lächelte nachsichtig und schickte Sebastien mit einer Handbewegung fort.

Er kam bald zurück, mit Pony und Esel am Zügel.

„Eh bien, Mademoiselle", sagte er, „welchen wollen Sie?"

Auf einem Esel bin ich noch nie geritten, aber ich finde die schlauen Langohren wirklich goldig. Ponys auch, aber von ihnen kenne ich mehrere. Das sagte ich dem Jungen. Er hielt mir grinsend die Zügel des Esels hin und sagte, der sei stark, er könne auch Erwachsene tragen.

Sebastien schwang sein Bein über die Kruppe des falben Wallachs und saß oben. Er drückte ihm die Fersen in die Seiten, woraufhin der Konik wie vom Katapult geschleudert davonraste. Ich konnte gerade noch aufspringen, als das so harmlos aussehende Eseltier auch schon mit mir lospreschte.

„Vorsicht, er klebt an dem Pony", rief mir Madame nach.

Das hatte ich gemerkt!

Es war ein groteskes Gefühl, zu spüren, wie der kleine Esel, Stockmaß 1,20 m, mit mir auf und davon rannte. Hatte Sebastien deshalb so gegrinst, als ich den Esel reiten wollte?

Ich versuchte gar nicht, den Esel zu bremsen, sondern ließ ihn hinter dem Falben laufen. Einmal sprang er über einen vierzig Zentimeter hohen Zaun. Ich muß mich loben: Ich blieb oben!

Das Pony vor uns wirbelte so viel Staub auf, daß ich dauernd husten mußte. Schließlich parierte Sebastien sein Streitroß durch und drehte sich um, wobei er eine Hand auf die runde Kruppe des Ponywallachs stützte. Er war sichtlich erstaunt. „Was, Sie sind nicht heruntergeflogen?“

„Non, Monsieur“, feixte ich, „da muß ich dich enttäuschen.“

Er schien es kaum fassen zu können.

Wir trabten über staubige Wege und eine Platanenpromenade entlang. Am erstbesten Kiosk parierte Sebastien sein Pony durch. Ich sprang vom Rücken des Esels und reichte der verrunzelten alten Frau den Gutschein des Journalisten. Die Alte grinste und reichte mir ein Journal de Montélimar. Strahlend tippte sie mit ihrem Finger auf die untere Hälfte der ersten Seite.

Ich begann zulesen: *Une jeune fille de la Suisse traverse la France à cheval. Aujourd'hui elle reste à notre ville…*

Das Interview war fast wörtlich abgedruckt. Sebastien wollte es auch lesen. Er vertiefte sich in die Zeitung, auf dem Rücken seines Ponys, während der Esel hinterhertrottete.

Das Bild von den Pferden und mir war nicht schlecht geworden, aber glücklicherweise etwas unscharf: man konnte mich kaum erkennen, das freute mich sehr.

Einige etwa zehnjährige Kinder flitzten johlend durch die Gassen. Ein Strubbelkopf wandte sich an Sebastien: „Sag mal, weißt du, wo dieses Mädchen und die Pferde sind? Bastien, du bist doch unser Pferdefachmann!“

Sebastien grinste, fuchtelte mit dem Finger vor meiner Nase herum und sagte leichthin: „Das ist sie. Ihre Pferde stehen auf unserer Weide!“

Die Kinder warfen sich fast auf mich und fragten mich aus. Eine Kleine guckte mich groß an und sagte: „Wenn ich mal groß bin, dann reite ich durch ganz Frankreich! Es ist schön, nicht?“

Ich nickte, und als die Kinder überhaupt nicht mehr aufhörten zu fragen und sich alle zum Pferdebesuch einluden, warf ich

Sebastien einen flehenden Blick zu.

„SOS!" rief ich dem Jungen zu, der lässig auf seinem Pony saß und das Gewühl betrachtete. Schließlich erbarmte er sich meiner und galoppierte an. Monsieur Langohr würde folgen, das war ihm klar.

Der Schwarze quiekte auf, dann flitzte er los, wobei mehrere Kinder zur Seite springen mußten, um nicht gerammt zu werden. Ich winkte ihnen mit der Hand, während der Esel mit mir abbrauste.

Es dauerte nicht lange, bis wir das Haus von Roudiers wieder erreicht hatten. Sebastien schickte sein Pony mit einem Klaps auf die Weide, ich konnte dem Esel den Zaum nur eben so abreißen, zum ordnungsgemäßen Abnehmen ließ er mir keine Zeit. Er flitzte hinter dem Falben her, als sei er an ihn angenäht.

Midi ließ zur Begrüßung ein träges Wiehern hören. Ihr Fohlen schlief noch immer unter den Bäumen. Hoffentlich strengt Filou das viele Laufen nicht zu sehr an.

Madame Roudier stürzte sich auf die Zeitung und las den Artikel stehend. Ich glaube, sie war sehr stolz, daß *ihr* Gast in der Zeitung stand.

Ich verzog mich solange in den kleinen Raum, den mir Roudiers zur Verfügung gestellt haben. Ein Bett und ein Stuhl stehen darin.

Nun erhole ich mich von der Anstrengung, einen Brief an Legrands und einen an meine Eltern geschrieben zu haben (nur über Arles, klar!). Einwerfen sollen ihn Legrands, damit er den Stempel von Arles bekommt.

Ich liege auf dem Bett und aale mich gemütlich darauf herum. Mein Denkerhirn beschäftigt sich gerade mit der Frage, wie es weitergehen wird.

Das Leben ist schön; aber wenn man überraschend zwei Pferde erbt, kann es ziemlich kompliziert werden.

Zwischen Montélimar und Valence, den 11. August

Für diese Strecke hatte ich keine Adresse von Legrands mehr. Ich ritt mehr oder weniger einfach drauflos. Als Optimist mache ich mir in solchen Fällen nicht viele Gedanken. Mein Leitspruch: Wird schon werden! hat mich noch nicht enttäuscht.

Als es gegen Mittag immer heißer wurde und der Fluß Drôme etwa zehn Kilometer hinter uns lag, sah ich mich nach einem Ruheplatz um, denn wir hatten unser Soll für heute erfüllt.

Wir kamen an mehreren Höfen vorbei, aber die Besitzer hatten etwas gegen Tramps hoch zu Roß. Sie hatten phantasievolle Ausreden zur Hand, aber ich hörte nur, daß sie nicht wollten. Also, wenn zu mir jemand mit einem Pferd käme, dann wäre er an der richtigen Adresse!

Schließlich merkte ich, daß mein Goldmädchen etwas müde war und wegen der prallen Sonne auch schwitzte. Deshalb stieg ich ab, nahm ihr den Sattel vom Rücken und ließ sie eine Weile auf einer Wiese grasen. Filou legte sich ins Gras und wälzte sich. Während er seinen wolligen Hals am Boden rieb, schnaubte er zufrieden. Plötzlich tauchte, wie die Fee im Märchen, eine grauhaarige, ältere Dame auf. Sie betrachtete uns eine Zeitlang und kam dann heran.

„Sind Sie Kristin? Mit den Camarguepferden?“ erkundigte sie sich. Sogar bis an diesen hinterletzten Zipfel der Welt war das gedrungen! Die Frau zeigte mir den Artikel aus der Montélimarer Zeitung und fragte weiter, ob ich schon einen Platz zum Übernachten hätte. Non, hatte ich leider noch nicht!

Sie lächelte zufrieden und bat mich, über Nacht bei ihr zu bleiben. Wunder gibt es immer wieder... „Wissen Sie, ich liebe Besuch. Ich wohne allein in einem großen Haus. Nicht ganz allein, mit Tieren!“

Um so besser! Ich sagte mit Vergnügen zu. Midi kam sofort, als ich sie rief. Ich sattelte sie und führte sie hinter der Dame her. Filou folgte mit kleinen Übermutshüpfern.

Ihr Haus entpuppte sich als ehemaliger Herrensitz, den Garten kann ich mit bestem Gewissen als Park bezeichnen.

„Der Garten ist von einer Mauer umgeben. Sie können Ihre Pferde unbesorgt frei laufen lassen“, erklärte die gastfreie Dame.

Nachdem Midi vorsichtig die Luft geprüft hatte, gab sie schnaubend ihre Zustimmung und verschwand mit Filou zwischen den Bäumen.

„Laufen hier noch andere Tiere herum?“ wollte ich wissen.

Die Frau nickte und zählte an den Fingern ab: „Ein pensioniertes Ackerpferd, zwei junge Ziegen, zwei Lämmer, ein Ferkel, das ich vor dem Spanferkeldasein bewahrt habe, ein Kater und meine drei Hunde.“

Mir verschlug es fast die Sprache.

Als sie von Tieren geredet hatte, dachte ich an einen Hund und einen Kanarienvogel, aber nicht an einen kleinen Zoo. Die Frau wurde mir immer sympathischer.

Während ich sie noch verblüfft anstarrte, fuhr sie fort: „Fast hätte ich die junge Rehgeiß vergessen. Die brachten mir ein paar Spaziergänger, weil sie glaubten, die Mutter habe das Tierchen verlassen. Leider brachten sie es her, statt abzuwarten, ob die Mutter es nicht noch holte. Ich habe die Kleine aber ganz gut hochgebracht!“

Menschen trifft man hier! Für jemanden, der die psychologischen Tiefen des menschlichen Charakters erforschen will, wäre meine Reise sicher ergiebig.

Bevor wir ins Haus gingen, trafen wir das alte Pferd. Es trottete gemächlich über den Vorplatz des großen Hauses.

Plötzlich fiel mir etwas ein. Diesem Pferd mußten doch ab und zu die Hufe ausgeschnitten oder beschlagen werden… dann war

5 9944-10

hier sicher in der Nähe ein Hufschmied!

„Madame“, sagte ich höflich, „gibt es hier jemanden, der meiner Stute Hufeisen anpassen könnte?“

„Ah oui, naturellement“, rief sie. „Kaum einen Kilometer von hier entfernt wohnt mein alter Freund, der Schmied. Der macht Ihnen das ganz bestimmt, auch wenn er nicht speziell Hufschmied ist! Kommen Sie, ich rufe ihn gleich an!“

Mir war es fast peinlich, daß sie sich solche Mühe machte. „Es muß ja nicht heute...“, sagte ich. Aber sie unterbrach mich: „Natürlich noch heute! Morgen kann sich Ihr Schimmel schon einen Nagel eingetreten haben!“

Sie ging zum Telefon, wählte eine Nummer, horchte, redete, lachte, sagte „oui, oui“ und legte wieder auf.

„Es ist alles in Ordnung“, wandte sie sich an mich. „Bis sechs Uhr bleiben Sie bei mir, dann gehen wir zusammen zum Schmied. Einverstanden? Er kann mit Pferden umgehen, keine Sorge!“

„Vielen Dank! Das ist sehr nett von Ihnen, wirklich, Madame!“

„De rien, Mademoiselle, nichts zu danken!“ antwortete sie lächelnd.

„Und noch was: Wieviel kostet es, Midi beschlagen zu lassen?“

Sie sagte, daß der Schmied eine Rente bezöge und deshalb kein Geld annehme. „Über ein Fläschchen Schnaps würde er sich freuen. Und die Hufeisen sind zu bezahlen, zum Einkaufspreis.“

Ich hatte im Geist meine kleine Geldsumme schon verschwinden sehen und war froh, daß es nicht zu teuer werden würde.

„Warten Sie einen Moment, ich glaube, daß ich im Keller noch eine Flasche habe, die können Sie mitnehmen!“

Ich schüttelte den Kopf. „Das kann ich nicht annehmen. Wenn sich der Schmied nicht für seine Arbeit bezahlen läßt, dann muß ich wenigstens die Schnapsflasche selber kaufen.“

Die Dame ließ mich gar nicht ausreden, sie ging aus dem Zimmer und kam mit einer Flasche Eau-de-vie zurück.

„Da ist sie!“ Sie drückte mir den Schnaps in die Hand. „Ich

trinke ihn doch nicht."

Ohne auf mein Protestgemurmel zu achten, lotste sie mich in ein anderes Zimmer. „Hier können Sie schlafen und ein Bad nehmen. Zufrieden?"

Die Wände des hohen Zimmers waren holzgetäfelt, das Bett riesig und die Badewanne verführerisch.

„Fühlen Sie sich wohl, das ist das wichtigste!" Sie lächelte und ließ mich allein.

Zuallererst hopste ich in die Badewanne. Das warme Wasser löste allen Schmutz und alle Sorgen auf.

Ach, endlich ein Bad nach einer Woche badeloser Zeit! Als ich danach in frische Sachen stieg, fühlte ich mich erfrischt und munter. Dann veranstaltete ich großen Waschtag. Bis morgen würde das Zeug bestimmt trocknen.

Kurze Zeit später klopfte es an der Tür. „Sind Sie fertig? Das Essen steht auf dem Tisch!" Essen war eine starke Untertreibung; es wurde eine richtige Schlemmerparty.

„Warum tun Sie das alles für mich?" fragte ich sie später, während ich ihr beim Abwasch half.

„Was tue ich denn? Gäste zu haben macht mir Spaß!" antwortete meine großzügige Gastgeberin. Mit leiser Stimme sagte sie: „Sie sehen meiner Tochter ähnlich. Nicht die Haarfarbe, aber um Mund und Augen herum. Sie war sechzehn Jahre alt, als sie verunglückte."

Ich fragte nicht weiter. Aber ich verstand, weshalb mich die Frau so umsorgte.

Nach dem Abwasch gingen wir in den Park. Sie zeigte mir ihre Tiere. Wenn ich erwachsen bin, das nahm ich mir vor, werde ich auch ein Tierheim aufmachen.

Eine der jungen Ziegen war ein afrikanischer gescheckter Zwerg. Dieses winzige Tier zockelte auf uns zu, stemmte seine Vorderhüfchen gegen Madames Bein und ließ sich am Hals kraulen.

Ich sah auch den Kater. Er hockte auf einer Astgabel und starrte uns mit funkelnden Augen an.

„Le chat lebt wie eine Wildkatze. Außer beim Füttern läßt er sich nicht von Menschen anfassen", sagte die Dame.

So scheu waren die Hunde nicht. Die schöne gelbe Dogge folgte ihrer Herrin auf dem Fuß, der rote Cockerspaniel hüpfte begeistert an mir hoch, tobte übermütig um mich herum und schien so angetan von mir, daß er es nicht gern sah, als die schwarzgesprenkelte Dalmatiner-Hündin sich mit erhobenem Kopf näherte, um mich zu beschnuppern.

Auf einer Wiese hüpften zwei graue Lämmer herum. Sie stießen sich mit der Stirn an, sprangen übereinander und hatten Spaß an dem Unsinn, den sie im Spiel trieben.

Wenige Meter davon entfernt buddelte das Ferkel in der Erde.

Die Zeit verging im Handumdrehen. Auf einmal sagte Madame, es sei bereits sechs, Zeit, zum Schmied zu gehen.

Midi schüttelte eigenwillig den Kopf, als ich sie rief. Ihr gefiel es, sie wollte bleiben. Ich führte Filou und sie trotzdem zum Haus. Dort wartete Madame auf dem Rücken des Ackergauls auf uns. Es sah lustig aus, die zierliche Frau auf dem massigen Pferd.

Wir ritten beide ohne Sattel, um die Tiere zu schonen. Nach zehn Minuten kamen wir an einem weißen Haus mit einem hölzernen Pferdekopf über der Tür an.

Unten im Haus war eine Schmiede eingerichtet. Kaum standen die Pferde darin, als auch schon ein kleiner, glatzköpfiger Mann hereinkam und guten Tag sagte.

„Bonjour, Monsieur Forgeron!" (Ein Schmied, der tatsächlich Schmied – französisch: forgeron – hieß.) „Ich bringe Ihnen hier das Mädchen, wegen deren Stute ich vorhin anrief. Kann sie ein paar Eisen haben?"

„Bien sûr, mit Vergnügen!"

Er blinzelte mich über seine Nickelbrille an: „Wenn das nicht das Mädchen ist, das nach Genf reitet!"

„Das ist sie. Darf ich vorstellen: Kristin Stein – Monsieur Forgeron!"

„In Ordnung. Na, dann werden wir mal anfangen. Ist das Pferd angebunden? Gut. Dann heben Sie bitte den Huf, Mademoiselle!"

Ich gehorchte. Der Schmied kam mit seinem gebogenen Hufmesser. Damit säbelte er den schon etwas ausgefransten Rand von Midis Vorderhuf ab. Das sieht zwar unangenehm aus, aber dem Pferd tut es nicht weh, weil die Nerven erst hinter einer dicken Hornschicht beginnen. Der Schmied schnitt den Hufstrahl zurecht und legte ein Eisen auf den Pferdefuß. Es war zu groß.

Ich stellte Midis Huf wieder auf den Boden, während er das Eisen ins Feuer legte.

Das Ausschneiden und Anlegen wiederholte er an jedem Huf.

Midi hielt bisher still, als sei sie es seit Jahren gewöhnt. Dabei wurde sie zum erstenmal in ihrem Leben beschlagen.

Als das erste Eisen im Schmiedefeuer hellorange glühte, nahm es der Hufschmied mit einer langen Zange heraus, stützte es auf den Amboß und hämmerte scheinbar wahllos darauf herum. In Wirklichkeit formte er es mit Fingerspitzengefühl zurecht. Dann kam er mit dem Eisen zu Midi und preßte es auf den hochgehobenen Huf.

Das glühende Eisen ließ das Horn aufqualmen. Der Rauch stieg mir in Nase und Mund. Ich drückte mein Gesicht in Midis Fell. Wie der Rauch stank! Ich hustete und hätte fast den Huf losgelassen.

„Der Qualm tötet Bazillen", tröstete der Schmied lachend. Er klopfte mit seinem Hammer das Eisen zurecht, paßte noch einmal an und legte es dann zum Abkühlen in ein Wassergefäß.

Als er das zweite Eisen anlegte, schnaubte Midi empört (ich verstand sie ja soo gut!), warf den Kopf hoch und begann zu hüpfen. Der Schmied fluchte und nahm das Eisen schnell ab. „Das erstemal?" fragte er.

Ich mußte gerade einen Hustenanfall niederkämpfen, deshalb

konnte ich nicht antworten, sondern nur nicken.

Er hämmerte wieder, paßte an und tauchte auch dieses Eisen in das Wassergefäß.

Es war eine vierfache Tortur. Eins ist sicher: Schmiedin werde ich nicht. Mag der Rauch auch noch so bakterientötend sein, ich finde ihn gräßlich. Glücklicherweise hatte Midi sich beruhigt. Sie äugte nur ab und zu nach ihrem Fohlen, das neben dem Kaltblüter angebunden war. Madame hatte sich neben Midis Kopf gestellt und streichelte sie unter ruhigem Zureden.

Nachdem alle vier Hufeisen zurechtgeklopft im Wasser lagen, flüchtete ich ins Freie und atmete tief. Wie selten merkt man, wie herrlich frische Luft ist! Meine Kleidung, meine Haare, meine Hände, alles roch nach verbranntem Horn. Dieser Geruch pflegt sich lange zu halten.

Als nächstes nahm der Schmied eins der abgekühlten Hufeisen und acht Hufnägel. Er legte das jetzt genau passende Eisen auf den angehobenen Huf, hielt es mit dem Daumen fest und begann zu nageln.

Mein liebes, hübsches Traumrößli fing an zu tänzeln und zu schlagen. Ich konnte den Huf kaum halten.

Plötzlich drückte Madame Midis Ohr zusammen. Der Schmerz lenkte die Stute ab. Vielleicht ist das keine schöne Methode, aber sie wirkte. Ergebnis: Der Schmied konnte das Eisen annageln, ohne getreten zu werden.

Bei den anderen Hufen stellte sich Midi nicht mehr so an, Madame ließ das Pferdeohr los, und alles ging wunderbar.

Zwei Zentimeter oberhalb des festgenagelten Eisens kamen die Spitzen der Nägel durch das Horn heraus. Der Schmied zwickte sie mit einer Kneifzange ab und raspelte den Huf glatt. Dann durfte ich die vier Hufe innen mit Holzteer und außen mit etwas Huffett anpinseln.

Midis Hufe sahen jetzt wieder zierlich und hübsch aus.

Das nächste Opfer war Filou. Seine Hüfchen wurden aber nur

etwas abgeraspelt, mehr war kaum dran. Als er auch einen Klecks Huffett daraufgeschmiert bekam, senkte er den Kopf und schnupperte an der neuartigen Schuhcreme.

Ich dankte dem Schmied, gab ihm mit einem schiefen Grinsen die Schnapsflasche. Als ich ihm noch einen Geldschein in die Hand drückte, sah er richtig beleidigt aus. Aber ich nahm das Geld nicht zurück.

Als wir fortritten, knisterte etwas in meiner Tasche: das Geld.

„Sehen Sie!“ Madame lachte.

Inzwischen liege ich in dem breiten, gemütlichen Bett des Zimmers, in dem ich einquartiert worden war. Ich bin froh, daß ich nicht unter freiem Himmel schlafen muß. Nicht, daß ich zu zimperlich dazu bin; der Grund sind die verflixten Mücken.

Auf meinen Füßen liegt der Cockerspaniel. Er sollte eigentlich draußen in seiner Hütte schlafen, aber wenn er sich schon irgendwie durchgemogelt hat, werde ich ihn nicht verjagen. Der hübsche Hund wärmt mir so schön die Zehen.

Gute Nacht, Midi und Filou, merci beaucoup, Madame.

Romans, den 12. August

Meine Pferde hatten es heute gut. Dank dem Schmied mußten sie nur sehr wenig laufen. Das ging so: Nach einem ausgiebigen Frühstück bei Madame im Schloß machte ich meine beiden Tiere fertig zum Losreiten. Sattel, Packtasche (mit meinen sauber gewaschenen Sachen darin!) und Trense packte ich Midi auf, Filou trug nur sein Halfter. Dann ging ich zur Hausherrin, um mich zu bedanken und zu verabschieden.

Sie hörte sich lächelnd an, was ich zu sagen hatte, nickte freundlich, sagte: „Es war mir eine große Freude“ und fügte hinzu, ich solle beim Schmied vorbeireiten, er habe mir etwas zu sagen.

Was will er denn? fragte ich mich, stieg auf und ließ Midi zum Haus des alten Schmieds traben.

„Da sind Sie ja!“ begrüßte er mich. „Einen Moment, bitte!“

Wir warteten. Als er wiederkam, begleitete ihn ein junger Mann. „Das ist Maurice, mein Lehrling, l'apprenti ici. Er fährt das Auto.“ Ich muß wohl ein dummes Gesicht gemacht haben, denn er lachte und meinte: „Ich wette, unsere Madame hat Ihnen gar nicht verraten, worum es geht.“

„Stimmt. Sie sagte nur, ich solle hier vorbeikommen.“

Der alte Schmied nickte. „Ja, wissen Sie, ich habe mein ganzes Leben mit Pferden zugebracht, jetzt kann ich es auf meine alten Tage nicht lassen. Deshalb kaufe ich mir ein Pony, mit dem ich Kutschfahrten machen kann und so, na ja, eben um ein Pferd um mich zu haben...“

Das sah ich ein, aber was hatte es mit Midi und mir zu tun?

„Madame sagte, Sie wollten nach Romans? Dort steht nämlich mein Pony. Maurice und ich fahren jetzt hin, um es zu holen. Auf dem Hinweg ist der Transporter leer...“

„Kommen Sie mit?“ fragte Maurice kurz. „Sie würden die Pferde schonen.“

„Wenn es Ihnen tatsächlich nichts ausmacht, gern!“

Der Schmied grinste seinem Gehilfen zu. „Also gut, abgemacht. Maurice, hol das Auto.“

Ganz neu war der zum Viehwagen umgebaute Lieferwagen nicht, er sah sogar etwas klapperig aus, um mich vorsichtig auszudrücken; aber ich hatte inzwischen gelernt, daß alte Autos von Franzosen sehr gern gefahren werden, im Zweifelsfall deshalb, weil neue teuer sind. Also sagte ich nichts, ich hätte sonst Maurices Ehre angegriffen, und folgte der Aufforderung, die Pferde einzuladen.

Es fand eine Auseinandersetzung zwischen Midi und mir statt.

Sie erklärte mir, dieses Ungetüm sei zu finster, sie würde sich hüten, da einzusteigen; *ich* wollte die Chance, so viele Kilometer zu sparen, nicht verpassen.

Midi stand wie ein Klotz und schüttelte nur ihre Mähne, als ich sie anflehte, endlich hineinzugehen. Ich zog und schob hinten, vorn und von der Seite – zwecklos!

Maurice grinste immer breiter, aber Helfen war nicht drin.

Filou stand mit treuherziger Miene daneben. Ein Gedanke – eine Tat: Ich stürzte mich wie ein hungriger Geier auf ihn und bugsierte das verdutzte Hengstfohlen in den Transporter. Sobald ihr Baby im Wagen stand, faßte sich seine Mutter ein Herz und sprang hinterher. Für diese Heldentat bekamen sie beide eine Belohnung.

Als Maurice die Verladerampe hochklappte und zuriegelte, wieherte Midi entsetzt. Es mußte ihr unheimlich erscheinen, nachdem sie ihr bisheriges Leben in der freien Ebene zugebracht hatte.

„In der Krippe liegt etwas Hafer; sobald sie den gefunden hat, wird sie ruhiger sein“, erklärte der Schmied. Er behielt recht. Bald war nur noch das Schnurpsen zu hören, das uns sagte, daß Midi die Nase jetzt in die gelben Körner bohrte.

Sobald das Gepäck verstaut war, ging es los. Maurice war ein geübter Fahrer, er verließ sich darauf, daß er nicht im Straßengraben landen würde, und fuhr so schnell, wie es der Motor erlaubte. Die Pferde tappten bei jeder Kurve hin und her, um das Gleichgewicht zu halten.

In der Wand zwischen Fahrerkabine und Laderaum war ein kleines Fenster. Ich guckte alle fünf Minuten nach den beiden und sah Midis helles Fell leuchten.

Mag sein, daß der Schmied sich über meine Ängstlichkeit amüsierte, aber was weiß er denn von Midi... ihr darf einfach nichts zustoßen!

„Machen Sie sich nicht zu viele Sorgen, Mademoiselle“, sagte er,

„das Schwanken macht den zweien nicht so viel aus wie drei Tage laufen."

Um mich von der rasanten Fahrt abzulenken, fragte ich den Schmied nach der Straße, auf der wir gerade fuhren.

„Das ist die N 7. Das bedeutet Nationalstraße Nr. 7. Sie führt die ganze Zeit an der Rhône entlang. Wie Sie sehen, Mademoiselle, wird hier viel Wein angebaut. Guter Wein." Er küßte bewundernd seine Fingerspitzen. „Haben Sie schon einmal südfranzösischen Wein getrunken?"

Er war enttäuscht von mir, als ich ihm sagte, daß ich keinen Wein mag.

„Armes Mädchen, von den wahren Wohlgenüssen der Menschheit keine Ahnung! Aber trösten Sie sich, das kann noch kommen."

Der Schmied spielte Fremdenführer: „Die Felder sind hier im Frühling fruchtbar, im Sommer trocken wie ein ausgedörrter Sumpf. Die Sonne ist bei uns eben sehr heiß. Da drüben, schauen Sie mal, hinter den ausgetrockneten Feldern die Hügel dort. Die Gipfel sind kahl, weil der Mistral so häufig darüberfegt. Haben Sie schon einen richtigen Mistral erlebt? Er ist kalt und trocken, bei den Bauern und Touristen sehr unbeliebt. Er weht oft drei, sechs oder neun Tage hintereinander. Wenn die Sonne so heiß scheint, daß man eigentlich schwitzen müßte und dann der Mistral weht, frieren Sie trotzdem. Manche Leute bekommen auch Kopfschmerzen davon."

Der Schmied zeigte mit dem Finger auf eine vor uns liegende Stadt. „Das ist Valence! Dort gibt es eine Kathedrale. In der Gegend hier ist es eine der größten Städte. In der Nähe gibt es eine Burgruine, die der alte Henri III. im 16. Jahrhundert belagerte. Er hat keinen Erfolg dabei gehabt. Daß ihm die Burg widerstand, nützt ihr jetzt nichts mehr, denn sie ist zerstört. Gefällt Ihnen das Rhônetal?"

Ich nickte. Daß mir die Camargue noch besser gefällt, hat nichts zu sagen, denn sie ist ganz anders... man kann sie in kein Schema pressen.

Maurice mischte sich ein: „Jetzt haben wir es bald geschafft!"

„Dann muß ich Ihnen schnell noch etwas über Romans erzählen", meinte der Alte. „Also: es liegt an der rechten Seite der Isère und ist eine Industriestadt mit einigen Schuhfabriken. Deshalb wird es auch Capitale de Chaussures genannt. Viele Bauern zogen in die Stadt und arbeiten jetzt in Fabriken. In Romans liegt an der Isère-Brücke eine ehemalige Abteikirche, Saint Bernard."

„Sie mögen die Provence, nicht wahr?"

„Provence? Mademoiselle, wir sind hier nicht mehr in der Provence!"

Ich zuckte hilflos lächelnd mit den Schultern. „In Geographie war ich noch nie gut!"

Er holte Luft und fuhr fort: „Hier wachsen Steineichen, Kiefern, Maulbeer- und Ölbäume. Es gibt in der Umgebung auch Trüffel." Als Feinschmecker machte er ein verzücktes Gesicht. „Obst und Gemüse wird in den Tälern angebaut."

Während des darauffolgenden Schweigens sahen wir durchs Fenster, um die Gegend anzuschauen. Vor uns fuhr ein Lieferwagen. Er war mit bunter Reklame bemalt: „Eßt die zarte ‚Sowieso', eine bessere Schokolade gibt es nicht!"

Als ich gerade die Reklame las, machte der Wagen plötzlich einen scharfen Bogen nach links. Maurice fluchte und trat auf die Bremse. In dem Moment pendelte der andere Wagen nach rechts und stoppte auf einmal. Der Bremsweg unseres Transporters war zu lang für den kleinen Abstand – krchtsch-bumm –! Die Schnauze unserer Karre saß im Hinterteil des Lieferwagens.

Nach dem ersten Schrecken sprang Maurice aus dem Auto, rannte nach vorn zu dem anderen Fahrer und schimpfte: „Salaud! Haben Sie keine Augen im Kopf? Schauen Sie sich an, was Sie für einen Mist gebaut haben. Wir müssen heute noch weiter. Wegen dieser blödsinnigen Geschichte wollen wir hier nicht übernachten! Wie kann man nur so idiotisch fahren!“

Das wirkte. Der andere Fahrer machte ein schuldbewußtes Gesicht und kroch fast zu Maurice heran. Während die Zipfel seines Schnauzbartes noch optimistisch in die Höhe zeigten, sanken seine Mundwinkel nach unten.

„Meine Versicherung wird alles bezahlen. Bestimmt, machen Sie sich keine Sorgen! Wissen Sie, mein Hund ist lebhaft, er sprang mich an, wollte spielen… da konnte ich nur noch bremsen.“

Während die Männer anfingen, lautstark zu diskutieren, stieg ich schnell aus, um nach den Pferden zu sehen. Midi wieherte erleichtert, als Licht in ihr enges Gefängnis strömte. Ich untersuchte sie sorgfältig, aber außer einem gehörigen Schrecken hatte sie nichts abbekommen. Filou war aufgeregt. Ich ließ ihn ins Freie, und er wälzte sich sofort am Straßenrand. Nach ein paar lockernden Sprüngen war seine Welt wieder in die Angeln gehoben.

Midi durfte auch ein bißchen herauskommen. Sie weidete das Gras am Straßenrand ab.

Der alte Schmied überließ Maurice das Wortgefecht und kam zu den Pferden und mir. „Alles in Ordnung?“

„Ja, sie scheinen sich nichts getan zu haben.“

„C’est bien, ça! Es ist nicht mehr weit bis Romans. Wenn Sie nichts dagegen haben, könnten Sie vorausreiten und den Leuten sagen, daß wir aufgehalten wurden. Es dauert hier nicht mehr lange, aber Ihre Midi ist bestimmt froh, wenn sie sich ein bißchen die Beine vertreten kann.“

„Natürlich. Wird erledigt!“

Er drückte mir eine Adresse in die Hand.

Midi freute sich richtig, als ich sie sattelte. Sie schlug freiwillig einen Galopp an, als wir auf dem Grasstreifen neben der Straße in Richtung Stadt ritten. Filou lief mit übermütigen Bocksprüngen nebenher.

In Romans fragte ich einen Polizisten nach der Straße, ritt nach seinen Anweisungen einmal rechts, dann geradeaus, dann links, dann rechts und noch fünfzig Meter weiter, und da stand das Haus, neben dem eine Ponyweide lag. Ein kleiner Rappe wieherte uns entgegen.

Die Leute waren sehr freundlich, als ich sagte, wir kämen vom Schmied. Midi und Filou durften mit dem Dartmoorpony auf die Koppel, wo sie sofort herumzutoben begannen. Mir wurde eine Limonade angeboten. Es dauerte nicht mehr lange, bis die Klingel ertönte, und dann kamen der alte Schmied und Maurice herein.

Es fand eine herzliche Begrüßung statt, man trank ein Glas Rotwein, wärmte alte Geschichten wieder auf und redete über das Pony. Nach einem langen Schwatz lud der Schmied den Rappen in den Wagen, setzte sich zu Maurice in die Fahrerkabine, winkte noch einmal, und dann fuhren sie davon.

Ich werde voraussichtlich nie erfahren, ob sie heil nach Hause gekommen sind, aber ich hoffe es. Ich wünsche dem netten Schmied, daß er mit Pony und Gehilfe glücklich und zufrieden ist.

Die Vorbesitzer des Dartmoorwallachs luden mich zum Übernachten ein, aber ich wollte die Zeit nutzen, noch etwas weiterzukommen. Midi war von dieser Idee weniger begeistert, sie ist eben schlauer als ich. Dickköpfig wie ich bin, setzte ich meinen Willen durch, und wir verabschiedeten uns.

Eine Viertelstunde später zogen dicke schwarze Regenwolken auf. Ich Dummkopf! Wäre ich doch bei den gastfreundlichen Leuten geblieben! sagte ich mir, aber das half mir nicht weiter.

Irgendwo mußte es eine Unterschlupfmöglichkeit geben.

Schließlich sah ich ein großes, kahl wirkendes Haus. Ich trieb Midi zum Galopp an, denn es tropfte schon. Auf mein Anklopfen antwortete niemand. Ich gab der hellblau gestrichenen Tür einen unwilligen Stoß – sie ging auf! Also trat ich, wenn auch zögernd, ein. Innen war es dunkel, die Luft war muffig. Das Ganze sah unbewohnt aus.

Midi machte mich durch Gewieher darauf aufmerksam, daß sie

und ihr Fohlen noch im Regen standen. Ich ließ sie in den Korridor hinein. Der kleine Hengst schüttelte sich die Wassertropfen aus dem Fell, so daß es spritzte.

Daß wir einfach so eindrangen, war vermutlich ziemlich unverschämt. Aber vorerst tauchte kein Hausgespenst oder Besitzer auf.

Filou tappte den Korridor entlang und stupste mit den Nüstern eine Tür an. Sie ging auf. Türen schienen hier allgemein die Angewohnheit zu haben, aufzuspringen.

Das Fohlen trat, vorsichtig schnuppernd, in den Raum. Er war bis auf ein abgenutztes Sofa, einen zersprungenen Spiegel und einen verwaschenen Teppich kahl. Das Zimmer war hoch und grau. Als ich hinter Filou hineinging, war die Luft so stickig, daß ich gleich zum Fenster lief, um es aufzureißen. Die blauen Fensterläden quietschten erbärmlich, aber sie ließen sich öffnen. Mir entfuhr ein Stoßseufzer, als frische Luft hereinströmte.

Draußen regnete, blitzte und donnerte es, ein richtig kräftiges Gewitter. Also richtete ich mich für eine Übernachtung ein. Sattel, Trense, Taschen und Halfter in eine Ecke, ich auf die Couch, Filou lag schon auf dem Teppich, und Midi döste, wobei sie das Maul auf die Fensterbank stützte.

Eh bien, so ließ es sich aushalten! Ich kramte ein zerquetschtes Brötchen hervor, das noch von anno irgendwann stammte. Midi und ich teilten es schwesterlich.

Als wir drei so richtig mit uns und der Welt zufrieden waren – geschah es!

Der Mann, der mit der Faust an die Tür klopfte, ahnte sicher nicht, daß er uns dreien damit einen Mordsschrecken einjagte. Vermutlich war es ein Landstreicher oder ein naßgewordener Wanderer. Ich wollte es aber lieber nicht wissen... es konnte auch der Besitzer oder der Verwalter sein. Und wir saßen und lagen hier in einem Zimmer herum – nein danke, auf *die* Bekanntschaft verzichtete ich gern. Ich raffte alle meine Sachen zusammen und floh mit den Pferden den Flur entlang, weg von der Eingangstür.

Schließlich mußten wir durch einen schmalen Ausgang gehen und kamen in einen großen Stall. Die Bretterwände waren morsch, der Wind pfiff hindurch, während der Regen immer noch auf das Dach prasselte. Die Tür zum Stall ließ sich zuriegeln, zum Glück! Jetzt waren wir gerettet!

Im Stall war es nicht so gemütlich, aber auch ganz gut. Midi und Filou legten sich bald ins Stroh und dösten. Ich auch.

Einmal wagte ich es, durch das Schlüsselloch zu linsen. Ich sah einen Mann mit olivbrauner Haut, der sich in einem Zimmer zu schaffen machte. Schließlich zerrte er irgendwoher eine Decke, legte sie zurecht und sich darauf. Er war offenbar ein Landstreicher, der froh war, hier im Trocknen schlafen zu können. Genau wie ich auch.

Bevor es morgen losgeht, muß Midi unbedingt eine Weile weiden. Im Moment getraue ich mich nicht, sie hinauszulassen. Die Koppel da draußen ist auch ziemlich klein, lange nicht so groß wie die Wiese in Genf, auf die ich mir Hoffnungen mache.

Die Genfer Hoffentlich-Weide ist mehr als 15000 Quadratmeter groß. Mit Bach, Laub- und Nadelbäumen und einer Scheune (mit Heuboden, das ist wichtig!) wäre die Wiese einfach ideal. Hoffentlich verpachtet sie mir der Bauer! Ich drücke mir alle Daumen.

Voiron, den 13. August

Wenn ich mir das Datum ansehe – Freitag, der Dreizehnte! – wundert mich gar nichts mehr.

Heute habe ich mich nämlich ganz schön geärgert.

Ich hatte, als ich frühmorgens aufstand, Halsschmerzen und

deshalb schlechte Laune.

In dem Moment, als ich Midi aus dem Stall führte, um sie draußen grasen zu lassen, tauchte der unheimliche Fremde auf. Er stierte mich eine Weile an, machte dann auf dem Absatz kehrt und rannte fort. Das war ein Schreck in der Morgenstunde!

Als nächste liebliche Überraschung sprang Midi über die Koppelmauer und trabte davon, anstatt brav zu grasen. Ich rannte hinterher; als ob ich nicht wüßte, daß übereiltes Hinterherlaufen dumm ist, wenn ein Pferd ausreißt! Man soll langsam gehen und das Pferd ruhig anreden und so weiter.

Midi war netter, als die Fachbücher weissagen, sie rannte nicht im Galopp davon, sondern wurde langsamer und wendete den Kopf. Sie schickte mir ein leises, brummiges Wiehern aus der Kehle entgegen und wartete, bis ich neben ihr stand und ihr ein hartes Stück Brot gab.

„Komm, Dicke", sagte ich zu ihr, und sie folgte gehorsam, als ich sie im Trab zurück zum Haus führte, wo Filou wartete. Auf dem Weg stolperte sie auf einmal. Sie war mit dem Huf in ein Loch geraten und blieb schnaufend liegen.

Es war nicht der letzte Schrecken des Tages: Als Midi endlich aufstand, lahmte sie!

Dabei hatten wir erst die Hälfte der Strecke nach Genf hinter uns! Ich sag's ja schon seit einer Woche: Ein vernünftiger Mensch hätte einen zweiwöchigen Ritt gründlicher und besser geplant! Bis jetzt saßen wir nur deshalb noch nicht auf dem trockenen, weil es so viele nette Leute gibt. Mit jedem Kilometer war mir das klarer geworden.

Doch was nützen weise Erkenntnisse, wenn man ein lahmendes Pferd bei sich und einhundertfünfzig Kilometer vor sich hat? Ich kann weder zaubern noch hexen – was tun?

Ein Pferdetransporter, den ich gut hätte gebrauchen können, fiel nicht vom Himmel, ein Tierarzt auch nicht. Genausowenig wie ein Eisenbahnwaggon mit Lokomotive.

Apropos Eisenbahn: ich könnte mit Midi und Sohn auch Zug fahren! Das schien mir die erste vernünftige Idee des Tages. Meine Finanzlage war nicht besonders großartig, aber irgendwie mußte es gehen.

Es war dumm, daß wir erst zurück nach Romans gehen mußten. Drei bis vier Kilometer mit einem hinkenden Pferd! Da meine Landkarte behauptete, von Romans nach Voiron fahre eine Eisenbahn, machte ich mich auf den Weg. Midi lahmte nicht sehr, aber Reiten war unmöglich. Ob sie neidisch auf ihren quicklebendigen Sohn war, der munter nebenherhüpfte? Armes Mädchen, mit schmerzendem Fuß so lange laufen hat ihr gar nicht gefallen.

Am Bahnhof fragte ich einen kleinen Jungen, ob er bitte einem Beamten sagen könne, daß da jemand ein Pferd transportieren lassen wolle. Der Junge verstand mich glücklicherweise und lief in die Schalterhalle.

Ein grauhaariger Beamter in Uniform kam heraus und fragte: „Womit kann ich dienen?"

„Ich möchte die beiden Pferde per Bahn nach Voiron schicken", sagte ich, ohne die Ebbe in meinem Portemonnaie zu erwähnen.

Der Bahnbeamte zuckte mit den Schultern. „Tut mir leid, dafür bin ich nicht zuständig. Gehen Sie bitte hinüber zum Güterbahnhof."

Mit wenig Hoffnung machte ich mich auf den Weg. Ich hatte zwar noch neben meinem Geld die 600 Francs, die ich von Frédéric geerbt hatte, aber die wollte ich erst in Genf benutzen, um die Pacht zu bezahlen und Heu zu kaufen.

Midi folgte mir nur zögernd zum Güterbahnhof, offenbar tat ihr Bein mehr weh, als ihr anzusehen war. Es fühlte sich leicht geschwollen, aber nicht heiß an.

Plötzlich warf sie den Kopf hoch, blähte die Nüstern und wieherte. Sie spitzte die Ohren und schnaubte aufgeregt, als sie Antwort bekam. Wie bitte? Sollte es hier Pferde geben? Unlogischerweise wuchs meine Hoffnung auf die Reise nach Voiron.

6 9944-10

Wir bogen um eine Hausecke und... sahen eine kleine Pferdeherde! Mir fielen fast die Augen aus dem Kopf. Woher kamen diese Tiere? Wem gehörten sie? Wohin sollten sie gebracht werden? Es waren etwa zwanzig Pferde, die Hälfte davon Schimmel, der andere Teil Füchse und Rappen, etwa so groß wie Midi. Ein rundlicher Mann mit einem Baskenkäppi auf dem Kopf kam auf uns zu. Er grinste von einem Ohr zum anderen. „Schöne Pferde!" sagte er und fuhr Filou mit der Hand über den Kopf.

„Hm."

„Sind es Camarguais?"

„Ja, reinrassige."

„Verkaufen Sie sie mir?" Er sah erwartungsvoll aus und strich mit der Hand über Midis Rücken.

„Nie! Wer sind Sie überhaupt?"

„Ricaud, Pferdezüchter und -händler." Er verbeugte sich leicht.

„Ich heiße Kristin Stein. Gehören diese Pferde Ihnen?"

„Ja. Es sind Crau-Pferde. Schon einmal etwas von der Crau gehört?"

Zufällig ja. Vom Felsen von Les Baux hatte ich die weite Ebene gesehen. Die Pferde dort sehen den Camarguais sehr ähnlich, in ihren Adern fließt fast dasselbe Blut, aber für den Fachmann sind es verschiedene Rassen.

„Ich verkaufe die Tiere in Bougoin, da wohnt ein Händler, der sie in Mittelfrankreich weiterverkaufen will. Die Schimmel aus der Provence sind zum Freizeitreiten sehr beliebt."

Er musterte Midi prüfend und ging einmal um sie herum. „Wo kommen Sie her? Und wo wollen Sie hin?"

In der Hoffnung, daß er mir vielleicht helfen könnte, sagte ich es ihm kurz.

Er grinste und räusperte sich. „Das soll wohl in übertragenem Sinn heißen, daß Sie finden, Pferdefreunde müßten zusammenhalten?"

Er betrachtete Filou eingehend.

„Nein!“ Ich fürchte, das habe ich geschrien. „So nicht. Ich gebe nicht das Fohlen her, damit Midi transportiert wird. Bestimmt nicht!“

Er lachte gutmütig. „So meinte ich es ja gar nicht. Aber daß Sie Ihre Pferde wirklich gern haben, gefällt mir. Schauen Sie sich meine Herde an! Das fällt doch niemandem auf, ob es zwanzig oder zweiundzwanzig Pferde sind. Ich habe zwei Waggons gemietet, die uns bis Voiron bringen. Von da aus fahren wir weiter bis Bougoin. Wenn Sie nach Voiron wollen – ich lade Sie hiermit zum Mitfahren ein!“

Wer hätte das gedacht? Wunder gibt es also tatsächlich, nicht nur in Märchen und Büchern! Für mich war dies ein echtes Wunder.

Ich wollte ihm als Trinkgeld hundert Francs geben, damit er sein Ja nicht bereue. Er sah nicht wie ein Geldverächter aus, aber auf einmal wirkte er fast beschämt.

„So habe ich es nicht gemeint, Mademoiselle! Auf Ihrem Ritt brauchen Sie das Geld doch selber!“

„Aber ich spare doch beim Bahnfahren.“

Es schien ihm nicht richtig, von mir Geld anzunehmen. Er gab es mir zurück und schüttelte den Kopf. Meine Einwände überhörte er und machte sich an das Einladen seiner Pferde.

Midi und Filou wurden zuletzt verladen. Nachdem alle anderen Tiere schon im Waggon standen, zögerte die Stute nicht mehr, sondern stieg fast eifrig die Verladerampe hinauf. Filou hopste, wie immer, getreulich hinterher.

Midi wurde wie die anderen Stuten und Wallache angebunden, damit sie besseren Halt hatten und sich nicht mit den Nachbarn streiten konnten. Nur zwei Crau-Fohlen und Filou blieben frei.

Ein junger Wallach neben Midi beschnupperte sie freundlich und stupste sie in die Seite. Sie legte kurz die Ohren an, aber als er weiterhin liebenswürdig und höflich war, ließ sie sich seine Komplimente gefallen.

Monsieur Ricaud und ich verzogen uns in eine Ecke, wo kein Pferd stand, und legten dort unser Gepäck ab. Dann fuhr der Zug an.

Midi begann unruhig zu tänzeln und schnaubte heftig. Aber das imponierte ihrem neuen Freund nicht, und er selbst stand so seelenruhig da, daß sie sich schließlich ein Beispiel an ihm nahm. Das Fohlen wieherte ängstlich, als das Geratter begann. Es suchte bei seiner Mutter Schutz. Nachdem Midis Zunge ihm einige Male beruhigend über den Rücken geleckt und er sich an der Milchquelle bedient hatte, waren seine Probleme fast gelöst. Er fand sich mit den störenden Geräuschen ab und fing an, im Wagen herumzustrolchen. Er beschnupperte eins der Fohlen, eine junge Stute. Sie war noch etwas schüchtern, aber bald spielten sie hingebungsvoll Fellkraulen. Zwischendurch kniff Filou die Kleine in die Mähne und verfolgte sie, wenn sie zur Mama floh. Sie tobten herum wie kleine Kinder auf dem Spielplatz.

Als es dem jungen Hengst zu langweilig wurde, mit dem Fohlen zu spielen, trottete er in die Menschenecke. Mit geblähten Nüstern betastete er jeden Fleck unseres Platzes. Er nuckelte ganz zutraulich an meinen Fingern und lutschte an meinen Haaren. Sauberer wurden die nicht davon, aber wenn es ihm so gut gefiel, sie abzulecken... bitte, ich wollte kein Spielverderber sein.

Filou packte meinen Ärmel und beutelte mich. Als ich ihm einen Klaps auf die Hinterseite verabreichte, ließ er los: Was ist denn schon wieder, ihr Menschen seid aber auch zu nichts zu gebrauchen! und zuckelte zurück zu seiner Pferdefreundin, die ihm unter dem Schweif ihrer Mutter hervor entgegenguckte.

Aber er hielt es wieder nicht lange bei ihr aus und kam zurück. Er schob seine Nase dem Pferdehändler entgegen und schnoberte an dessen Jackentasche.

„Das ist ja ein netter Kerl." Monsieur Ricaud lachte und vergaß, das neugierig gewordene Fohlen daran zu hindern, ihm einen Knopf seiner Jacke abzubeißen. Doch der Mann lachte nur noch mehr, schimpfen wäre unfair gewesen.

Der Zug ratterte immer weiter. Als ich durch das vergitterte Fenster hinaussah, meinte ich, einen Fluß zu erkennen. Die Landschaft flog vorbei, aber das Glitzern von Wasser sah ich immer wieder.

„Wasser? Das kann nur die Isère sein", meinte der Händler. „Wir fahren ja die ganze Zeit am Isèretal entlang."

Ich holte eine der drei Landkarten aus meiner Tasche. Der Pferdehändler beugte sich über sie. Sein Finger fuhr an einem roten Strich entlang, der parallel zu einem blauen von Valence über Romans nach Voiron führte.

„Das ist die Eisenbahn, der blaue Strich der Fluß, die Isère, und die grüne Farbe zeigt, daß wir im Tal fahren. Sie kommen von Arles, Mademoiselle?"

Als ich nickte, zeigte er mit seinem Finger auf den roten Fleck, neben dem Arles stand, und dann auf Genf.

„Wäre es denn nicht einfacher gewesen, Luftlinie zu reiten? Mit dem Auto geht das ja schlecht, aber zu Pferde müßte es möglich sein!"

Ich nickte. „Theoretisch ja, aber ich will mit den Pferden nicht mitten durchs Gebirge. Deshalb nahmen wir den Weg durch das Rhônetal und hier das Tal der Isère. Später müssen wir noch durch die Berge, von Aix-les-Bains bis Genf. Aber da können wir uns an eine Straße halten, so daß wir uns nicht so leicht verirren werden, wie das in den französischen Alpen bestimmt passiert wäre."

„Gar nicht dumm; daran hatte ich nicht gedacht." Ricaud nickte anerkennend.

Ich sah wieder auf die Karte und wollte wissen: „Kommen wir bald an?"

Er warf einen Blick auf die Uhr. „In ein paar Minuten, ja."

Er behielt recht. Wenige Minuten später hielt der Zug quietschend an. Ich führte Midi und Filou über die zurechtgelegte Rampe. Ricaud und sein Gehilfe, der im zweiten Waggon gefahren war, führten die zwanzig Pferde vor mir her, jeder zehn aneinandergebundene Tiere.

„Eh bien, Mademoiselle, jetzt sind wir da. Wir müssen zum nächsten Zug, Sie nach Genf. Wir müssen uns trennen. Au revoir!"

„Au revoir und vielen Dank fürs Mitnehmen!"

„Es war mir ein Vergnügen. Wenn Sie einmal ein Crau-Pferd brauchen: ich stehe zur Verfügung! Viel Glück! Sie werden's brauchen können."

„Merci, Monsieur Ricaud, merci beaucoup et au revoir!"

Ich sah sie zum nächsten Zug gehen. Adieu!

Sobald ich Midi gesattelt hatte, band ich Filou am Sattel fest und führte die beiden vom Bahnsteig auf die Straße. Niemand hinderte mich daran. Ich wurde auch nicht nach Fahrkarten gefragt. Das nenne ich Glück gehabt!

Dann hieß es mal wieder, einen Übernachtungsplatz zu finden. Wir gingen durch die Stadt und kamen an den Stadtrand. Midi lahmte immer noch, deshalb wollte ich an einen Bach, um ihr die Schwellung feucht umwickeln zu können.

Ich klopfte bei vielen Leuten an. Manche schlugen mir gleich die Tür vor der Nase zu, andere fragten mich aus, wieder andere waren freundlich und wollten mich übernachten lassen – aber mit zwei Pferden? Nein. Wir streiften lange durch dieses Außenviertel von Voiron, aber ich fand keinen passenden Platz für uns. Es konnte mir auch niemand sagen, wo ich einen Übernachtungsplatz finden würde.

Wir kamen bald nicht mehr rasch voran, weil sich Midis Lahmen verschlimmerte. Ich mußte zu einem Tierarzt mit ihr.

Schließlich sah ich ein Schild: *Campingplatz 1 km!*

Wir machten uns auf den Weg, weil ich hoffte, dort eine Auskunft zu bekommen. Midi tat mir leid, die hinkend, aber tapfer neben mir hertappte. Filou hätte sich sicher auch gern von der Zugfahrt erholt.

Schließlich kamen wir an den Campingplatz, aber dort war keine Menschenseele zu sehen. Es war eine große, gut bewachsene Wiese, auf der ein innen und außen kahles Betonhäuschen stand. Ich sah mich überall um, und als niemand da war und ich die Nase vom Herumlaufen voll hatte, stellte ich die Pferde in die Hütte.

Dann ging ich zum nächsten Haus. Dort drückte ich auf den Klingelknopf und hoffte das Beste.

„Qui est là?“ ertönte eine tiefe Stimme.

Eine Frau trat in den Türrahmen und musterte mich von oben bis unten. „Was wollen Sie denn?“

Ich wollte mein Bett in der Hütte aufschlagen und die Pferde auf dem Platz herumlaufen lassen. Das sagte ich ihr und wollte wissen, ob sie glaube, daß das erlaubt sei.

„Der Besitzer der Wiese ist weggezogen. Seitdem kümmert sich niemand darum. Da kannst du schon schlafen. Oder bist du von zu Hause ausgerissen?“ fragte sie mißtrauisch.

„Nein, nein, bestimmt nicht, ich bin ja auf dem Weg dahin! Diese beiden Pferde muß ich nach Genf bringen.“

„Na ja, dann schlaf halt da.“ Sie murmelte noch etwas von „verantwortungslos von den Eltern“, „so junges Mädchen“. Ach, die Gute, sie ahnte ja nichts!

Den Pferden gefiel die eingezäunte Wiese sofort, weil sie frei herumlaufen durften. Die Nachbarin gab mir Wasser zum Tränken, und als sie sah, daß Midi lahmte, machte sie ihr einen Umschlag mit viel essigsaurer Tonerde.

Das fand ich sehr nett. Zum Glück hat Midi den Umschlag nicht abgestreift. Sie ist eben sehr vernünftig.

Mein Bett habe ich in der kahlen Betonhütte aufgeschlagen. So werde ich nicht naß. Es sieht nämlich so aus, als wolle es anfangen zu regnen.

Zwischen Voiron und Chambéry, den 14. August

Es hat die ganze Nacht lang geregnet. Bis gestern abend glaubte ich, Südfrankreich habe trockenes Klima, aber anscheinend überlegte es sich's anders und wollte mich mit einem Guß überraschen.

Dank der Hilfe der freundlichen Nachbarin war Midis Bein fast völlig wieder in Ordnung. Sie lahmte nicht mehr.

Als wir beim Weiterreiten noch einmal durch die Stadt mußten, führte ich sie, um das Bein zu schonen. Ich will auf jeden Fall verhindern, daß sie wieder anfängt zu lahmen.

In Voiron fand gerade, weil es Samstag war, ein Markt statt. Ich kaufte mir etwas zu essen und gab Midi ein paar Möhren.

Die Kirche von Voiron sieht wie ein kleiner Dom aus. Midi trank aus dem Brunnen, der davor plätscherte.

Hinter der Stadt ging die Straße steil bergauf, und nach einiger Zeit kamen wir in ein Hochtal. In der Nähe von St.-Etienne-de-Crossay führte der Weg uns an einem Steinbruch vorbei. Hier machte ich eine kurze Pause. Midi knabberte am Gras, das am Straßenrand wuchs, und Filou tapste herum und beschnupperte seine Umgebung. Bei ihm haben sich durch das viele Training schon feste Muskeln gebildet; er ist fast immer munter und wächst nach allen Seiten: in die Höhe, in die Länge und in die Breite.

Plötzlich sah ich eine Bewegung hinter einem Kieshaufen. Ich blinzelte zweimal und sah genauer hin: das waren eindeutig zwei Ohren. Hundeohren.

Nach ein paar Minuten lugte ein schmaler Hundekopf mit großen schwarzen Augen und hochstehenden Ohren hinter dem Buckel hervor. Der Hund beschloß, uns einen Besuch abzustatten. Halb auf dem Bauch kriechend schlich sich der magere Rüde heran. Sein Fell war beigefarben und sehr ungepflegt. Der Geruch meiner Salamiwurst stach ihm in die Nase. Ich warf ihm eine dicke Scheibe hin. Er sah so hungrig aus. Nach einem prüfenden Blick auf mich fraß er die Wurst gierig auf.

Es war noch ein ziemlich junger Hund mit einer schmalen weißen Blesse auf der Stirn. Ein paar Meter von uns entfernt legte er sich hin und wartete auf weitere durch die Luft segelnde Wurstzipfel.

Nachdem ich ihm liebevoll versichert hatte, er sei ein elender Bettelsack und Streuner, hielt ich ihm noch ein Stück Wurst entgegen. Das Wasser lief ihm offensichtlich auf der Zunge zusammen, aber bis er sich aufraffte, sich bis zu mir heranzuschieben, dauerte es einige Minuten. Er schnupperte gierig und hob den Kopf. Auf einmal jagte er erschrocken davon.

Lange hielt er es nicht aus. Er kroch wieder näher. Während er fraß, streichelte ich ihn, aber er duckte sich ängstlich dabei.

Der Hund war schrecklich mager. Beim nächsten Happen kraulte ich ihn hinter den Ohren, das ließ er sich gefallen.

Dann brachen wir wieder auf. Der falbe Hund folgte uns. Wahrscheinlich wurde er ausgesetzt, ein Hund, der mehr Fußtritte als Futter bekam.

Filou zog schnaufend die Luft ein, stampfte mit dem Huf und jagte auf den Hund los. Der Falbe knurrte, und als das dem Fohlen nicht imponierte, warf er sich auf den Rücken. Leise quietschend zeigte er dem jungen Pferd auf diese Art: Du hast mich besiegt, jetzt sei so nett und friß mich nicht!

Filou, der sowieso nur so unerschrocken angegriffen hatte, weil seine Mutter danebenstand, senkte den Kopf und stupste den Hund in den Bauch. Er prustete in das Fell des Falben. Damit war die Freundschaft besiegelt. Beim Weiterreiten tobten Filou und der Hund vor uns her.

Midi und ich bewegten uns nur langsam voran, um ihr Bein zu schonen. Der Hund trabte brav vor uns her und sah sich manchmal um. Wenn er sich versichert hatte, daß wir folgten, fegte er mit wehenden Ohren voraus. Hunger hatte er immer noch. Einmal blieb er bei einem Tierkadaver stehen, schnupperte an dem toten Unglückswurm und fraß dann daran herum. Hoffentlich bekommt er kein Bauchweh davon.

Später führte ein Feldweg, auf dem der Hund und das Fohlen herumgetobt hatten, auf die große Straße. Bei einer Schlucht war sie ungemütlich schmal und zwängte sich zwischen kahlen Felsen hindurch. Dabei verlor der Hund seinen Übermut, er drückte sich angstvoll an den Straßenrand und blaffte die Autos an.

Ein ganzer Strom von Autos kamen vorbei, viele Urlauber und Camper. In einem Wagen saßen zwei kleine Jungen auf dem Rücksitz und hielten ein Schild ans Fenster: Hupen zwecklos, Fahrer ist Indianer, reagiert nur auf Rauchzeichen! Im gleichen Moment hupte der Fahrer durchdringend, weil ihm sein Vordermann zu langsam fuhr.

Hinter dieser ungemütlichen, anstrengenden Schlucht lag ein hübsches Haus mit einer Koppel daneben, auf der einige braune Pferde grasten. *Relais Champêtre* nannte es sich.

Es war schon Mittag und sehr heiß, deshalb fragte ich die Leute dort, ob ich irgendwo über Nacht bleiben könne. Sie musterten mich mit hochgezogenen Augenbrauen und fragten mich aus. Dann zuckte der dicke Hausherr mit den Achseln. Nein, unmöglich.

Wir setzten unseren Weg fort. Müde stapften wir durch die Sonnenglut, und die Gedanken, die ich gegen die abweisenden Leute hegte, waren alles andere als schmeichelhaft.

Nach einiger Zeit kamen wir an Eisenbahnschienen. Ein Stückchen weiter lag ein kleines Haus aus grauem Stein. Ein alter Mann und ein Junge kamen heraus, als sie Midis Hufgeklapper und das Hundegebell hörten.

„Un cheval!“ schrie der Junge. Wahrscheinlich hatte er noch nicht viele Pferde aus der Nähe gesehen. Der Junge, vielleicht zwölf Jahre alt und noch sehr kindlich, nahm den Alten bei der Hand und zeigte auf Midi: „Ist das nicht ein schönes Pferd, Großpapa?"

Sein Großvater tätschelte die Schimmelstute und nickte zu Filou hinüber. „Ihr Fohlen?"

Er erwartete keine Antwort, da das einleuchtend war, und wandte sich dem Hund zu, der tief und leise bellte. Der alte Mann beugte sich zu ihm hinunter und streichelte ihn. Der Hund schmiegte sich an die Knie des Mannes und schob die Schnauze in die Hand des Alten. Ich wollte mich schon über seine Untreue ärgern, als der alte Mann sagte: „Er sieht Jaune ähnlich!"

Der Junge sah mich an und flüsterte mir zu: „Jaune war sein Hund."

Er preßte die Lippen aufeinander und wandte sich halb ab. Über die Schulter zurück sah er mich mit großen Augen an und nickte. „Er wurde vorige Woche überfahren."

Ich stieg aus dem Sattel und ließ Midi das spärliche Gras fressen. Der Junge sah seinem Großvater zu, der vollkommen glücklich mit dem Hund spielte. „Gehört der Hund Ihnen?"

„Nein, er gehört mir nicht. Er ist ein junger Streuner aus Voiron. Daher kommen wir nämlich. Er ist mir nachgelaufen, weil ich ihm etwas Wurst gegeben habe. Ich muß aber noch bis Genf reiten, wie soll ich da den Hund ernähren? Sag mal, wollt ihr ihn behalten?"

„Dürfen wir? Großvater wäre froh. Er trauert Jaune so nach, daß ihn nur ein zweiter Jaune trösten kann."

Der Großvater kam zu uns, der Hund folgte ihm auf dem Fuß. Liebe auf den ersten Blick?

„Wollen Sie den Hund behalten?" fragte ich ihn.

Er lächelte und streichelte das Tier zärtlich. „Er wird es gut bei mir haben, Mademoiselle."

Dann ging er ins Haus, um den Hund zu füttern. Adieu, mein Hund, laß es dir gutgehen.

Der Enkel wandte sich wieder an mich. „Sie werden noch etwas hierbleiben, ja? Ihr Pferd ist müde, wollen Sie nicht bei uns übernachten?"

Die Idee fand ich glänzend! „Wenn dein Großvater nichts dagegen hat, gern!"

Hinter dem Steinhaus lag eine Koppel. Es wuchs kein Gras darauf, das hatten die beiden Ziegen, eine graue und eine braune, längst abgefressen. In einer Ecke suhlte sich eine Sau mit acht Ferkeln.

Midi und Filou durften gleich auf die Koppel und wälzten sich dort erleichtert. Sie beschnupperten die Ziegen, während die Schweine absichtlich übersehen wurden. Der alte Mann warf ihnen gemähtes Gras vor. Midi bekam sogar zwei Handvoll Hafer. Während die Stute fraß, saugte Filou, bis keine Milch mehr in den Zitzen war. Dann wehrte Midi ihn ab. Sie legten sich nebeneinander in eine schattige Ecke, um sich auszuruhen.

Der Mann ging zu den Schweinen hinüber und nahm ein Ferkel in die Hand. „Sie haben mir den Hund geschenkt. Damit Sie nicht glauben, wir wären undankbar, werde ich Ihnen ein leckeres Spanferkel servieren!"

„Nein", schrie ich, „bitte nicht!"

Ich nahm ihm das Ferkel aus der Hand und setzte es in meine Armbeuge. Es schnüffelte mit seiner winzigen rosa Schnauze herum. Seine kleinen Augen plierten mich neugierig an, und es stupste mich mit dem feuchten Rüssel. Unmöglich, meinetwegen diese kleine Tier zu schlachten!

Der alte Mann fand mich sicher sentimental, aber er gab nach. Als Mittagessen verspeiste ich meine in Voiron gekauften Fressalien, denn ich wollte den bestimmt nicht reichen Leuten ihr Essen lassen.

Ist es nicht seltsam, daß mich die Wohlhabenden vorhin abwiesen und ich hier bei den Menschen, die von der kleinen Rente des Alten leben, freundlich aufgenommen wurde?

Nachmittags half ich dem Mann, eine der beiden Ziegen zu melken. Es war meine erste Melkerfahrung. Zuerst kam nichts. Dann ein Tropfen und noch einer, schließlich sauste der volle

Strahl in den Eimer. Ich paßte auf, daß kein Spritzer danebenging.

Der Alte erzählte mir, daß er früher als Stationsvorsteher gearbeitet hatte und jetzt pensioniert sei. Sein einziger Sohn und die Schwiegertochter seien vor fünf Jahren bei einem Zugunglück ums Leben gekommen. Da habe er den damals siebenjährigen Enkel bei sich aufgenommen. Zur Schule fahre der Kleine mit der Bahn nach Chambéry.

Das Einsiedlerleben hier ist bestimmt nicht einfach, aber das ungleiche Paar will um keinen Preis in die Stadt ziehen.

Offensichtlich war die finanzielle Lage nicht so großartig, deshalb fragte ich den alten Mann, ob die Ernährung des Hundes Schwierigkeiten machen würde.

Er antwortete hastig, als fürchte er, daß ich den Findling wieder mitnehmen würde: „Nein, nein, ich gehe oft auf die Jagd, da kann er sich sattfressen. Wirklich, Mademoiselle!"

Ich freute mich, daß der Hund hier ein gutes Heim bekam, denn nach Genf kann ich ihn wohl nicht mitnehmen.

Nun werde ich mich ein bißchen in die Sonne legen und braten lassen.

Aix-les-Bains, den 15. August

Ich sitze hier vor dem Haus meiner neuen Gastgeber und lese, was ich gestern auf die weißen, unschuldigen Seiten des Tagebuchs geschmiert habe.

Aus dem Sonnenbad wurde tiefer Schlaf. Abends weckte mich der alte Mann und schickte mich in einen kleinen Raum. Ich nahm das kaum wahr, weil ich noch halb in Morpheus' Armen lag, plumpste nur auf das Sofa und schlief bis vier Uhr morgens durch. Um viertel nach vier ging es weiter.

Der Ritt von den Einsiedlern über Chambéry nach Aix-les-

Bains war einer der längsten Ritte bisher.

Midi war am Morgen besonders munter, und ihr Goldspatz hatte sich mit der Muttermilch gut gestärkt. Für ein sechs Wochen altes Fohlen ist er sowieso erstaunlich kräftig.

Von Aix bis Genf sind es nicht mehr ganz hundert Kilometer. Wir könnten eigentlich in drei, höchstens vier Tagen zu Hause ankommen. Wenn nichts dazwischenkommt! Aber ich will den Teufel nicht an die Wand malen, in seiner Hölle ist er besser aufgehoben.

Der Ritt nach Aix war für mich ziemlich anstrengend. Es ist bergig hier, und um Midi zu schonen, stieg ich an jedem Hügel ab und führte sie bergauf.

Kurz hinter dem Start kamen wir durch ein Dorf, das Saint-Joseph-de-Rivière hieß. Das nächste Städtchen war ein kleiner Ferienort mit einer neugotischen Kirche, deren Türme vierkantig waren. Es hieß Saint-Laurent-du-Pont, schon der zweite heilige Ort heute.

Dann ritten wir am Straßenrand der Route Napoléon entlang. Das ist die Straße, auf der Napoleon aus der Verbannung zurückkehrte, um sein hunderttägiges Regime anzufangen. Er kam von Elba nach Nizza, von Nizza nach Paris (ich glaube, daß das stimmt, aber ich garantiere für nichts). Von Saint-Laurent-du-Pont bis Aix-les-Bains geht ein Stück dieser berühmten Straße.

Wir drei trabten weiter, an einem Hochmoor vorbei, an Wäldern, schließlich Wiesen und ritten außen um das Städtchen Entre-deux-Guiers herum. Ich lenkte Midi über eine Flußbrücke. Gleich dahinter begann Les Echelles mit der großen Straßenkreuzung nach Lyon und – Richtung heimwärts – nach Chambéry.

Kurze Zeit später führte die Straße durch einen Tunnel, der mir unheimlich war. Wir wurden nicht überfahren, aber ich stellte fest, daß der Tunnel undicht war wie eine Babywindel: es tropfte auf meinen Kopf.

Am Ausgang des Tunnels waren ‚Les Grottes des Echelles', ein paar nasse, kalte Grotten. Nichts für Pferde.

Dann ging es wieder bergauf: Hochwald. Ich mußte auf der Straße reiten. Langsam bezog sich der Himmel. Es begann zu regnen, und wir suchten zwischen alten Ruinenmauern Schutz. Glücklicherweise dauerte der Regen nicht lange an. Nach einer kurzen Pause brachen wir wieder auf.

Wir kamen auf eine Paßhöhe, wo ein Gasthaus namens *Relais Paris-Rome-Genève* stand. Das sollte heißen, hier sei eine Station zwischen diesen Städten, für müde Wanderer wahrscheinlich.

Dahinter ging es wieder bergab. Das Tal weitete sich, romantischerweise plätscherte ein schmaler, sprudelnder Bach durch sattgrüne Wiesen, einige Bergbauernhäuser standen dort, grau, mit vorn abgeflachten Dächern, wie bei Schwarzwaldhäusern. Ein Wald zierte den Berghang, Vögel zwitscherten in der Luft, und die Luft war herzhaft und frisch.

Wir ritten mitten durch das Dorf Saint-Thibaud-de-Couz (der dritte heilige, das heißt Saint-Ort heute!), das eine nette, kleine Kirche hatte. Hinter dem Dorf war ein Sand- und Kiesbruch. Da wir aber weder Kies noch Sand brauchten, trabten wir ungerührt daran vorbei.

Die Straße wurde wieder schmaler, und wir wichen ihr aus. Ich ließ Midi zwischen den Bäumen neben der Straße traben. Der Boden zwischen Bäumen ist nämlich meistens schön federnd und nachgiebig, wie zufrieden sind da strapazierte Pferdebeine!

Auf der rechten Seite der Straße stürzte ein doppelter Wasserfall über den Felsen. Links sprudelte ein Wildbach.

Hier gab es auch eine kleine Bahnstation. Wenn wir die Möglichkeit gehabt hätten, statt bis Voiron bis hierher zu fahren, wären wir dieser kurvigen, bergigen und mühsamen Strecke ausgewichen. Aber was soll's, das Schicksal hatte es anders gewollt!

Dann ging es nach Chambéry. Ich hatte nicht die geringste Lust, mitten durch die Stadt zu reiten, denn das dauert länger und ist nicht so angenehm wie ein Umweg, auch wenn der länger scheint. Midi war auch einverstanden, die Stadt Stadt sein zu lassen.

Es folgte ein bequemes Hochtal – ein erleichterter Seufzer entfuhr mir. Hier in der Nähe mußte nämlich ein großer See, der Lac du Bourget sein. Nicht weit davon wohne eine gute Freundin von ihr, hatte mir Madame Legrand in Arles erklärt, die mich sicher mit Freuden aufnehmen werde. Bisher hatten mich Madames Ratschläge noch nicht enttäuscht, und so hoffte ich das Beste.

Auf einmal blähte Midi die Nüstern – sie roch Wasser, wenn nicht alles täuscht den Lac du Bourget! Es stimmte. Das Hochtal wurde auf einmal von dem großen, klaren See fast ausgefüllt.

Ich brauchte nicht sehr lange zu suchen, um das Haus von Madame Legrands Freundin zu finden.

So, das war jetzt eine besonders ausführliche Beschreibung des Ritts. Davon muß ich mich erst einmal ausruhen. In der Sonne, damit ich noch brauner werde. (Mehr als zwei Wochen Südfrankreichferien haben mich schon fast so bronziert wie die Teneriffa-Badenixen in Urlaubskatalogen.)

Gerade kam Madame, eine große, braunhaarige Dame, setzte sich neben mich in einen Liegestuhl (Lagebeschreibung: wir befanden uns auf der Terrasse, Blick zum See), und statt zu dösen redete ich mit ihr. Schließlich zückte sie eine Landkarte, und wir sahen uns die Strecke an, die noch vor den Pferden und mir liegt. Es ist gar nicht mehr so schlimm im Verhältnis zu den Kilometern, die wir schon hinter uns haben.

Auf der Karte sah man, daß der Lac du Bourget achtzehn Kilometer lang und drei Kilometer breit ist. Daß er bewaldete Ufer hat, braucht mir die Landkarte nicht zu sagen, der See liegt ja vor mir, und den Wald sehe ich auch.

Als wir über den See redeten, blickte Madame mich auf einmal seltsam an. Ich fragte sie, was los sei.

Sie lächelte und knöpfte mir das Versprechen ab, noch einen

Tag zu bleiben. Das ist der Lauf der Welt: Anderswo darf ich gar nicht bleiben, hier werde ich darum gebeten. Warum sollte ich nein sagen? Midi und Filou haben sich einen Ruhetag verdient, ich auch. Die Frau ist sehr nett zu uns, das Haus liegt schön, außerhalb von Aix-les-Bains, und das Grundstück, auf dem die Pferde grasen dürfen, ist sehr groß. Das gibt bei mir meistens den Ausschlag. Also einverstanden, wir werden noch einen Tag bleiben!

Morgen kann ich mir dann den Ort ansehen, Aix-les-Bains soll interessant sein, mit Schwefelquellen, Kur- und Badeort und so; vielleicht kann ich auch schwimmen gehen.

Madame ist eine Tierfreundin, sie hat zwei schöne Hunde, Weimaraner. Die Rassehündin hat gerade Welpen, goldige graue Fellbündel mit runden Augen und weichem Fell. Besonders süß fand ich eine kleine Hündin, die frech guckte und beim Spielen mit den drei Geschwistern die ulkigsten Purzelbäume schoß. Sie war ununterbrochen in Bewegung, spielte Fangen mit Mutters Rute, hüpfte aus dem Korb und galoppierte, noch etwas unbeholfen, durchs Zimmer, knabberte an Schuhen und Gardinen und stellte alle fünf Minuten neuen Unsinn an.

Der Vater ist ein starker grauer Rüde, der gut dressiert ist und sehr an Madame hängt. Wenn ich einen Hund haben könnte, vielleicht würde ich mir dann einen Weimaraner aussuchen. Sie sind nicht sehr verbreitet und sehr schöne Tiere.

Eben ließ Madame die Hündin etwas hinausgehen; Kinder zu haben ist so anstrengend, daß die Graue auch einmal Ruhe haben muß.

Die Dame des Hauses schlägt mir vor, noch einmal nach den Pferden zu sehen und dann zum Essen zu kommen. Eine gute Idee.

Abends. Ich bin ein Trottel, ein Idiot, ein Dussel und so weiter. Selbsterkenntnis ist angeblich der erste Weg zur Besserung, aber

7 9944-10

doof bleibt doof.

Ich wollte nämlich nachmittags nichtsahnend zu den Pferden gehen. Ein Schock fürs Leben: alle beide waren fort!

Ich alarmierte sofort Madame, die nach der gassi-gehenden Hündin pfiff, um sie auf die Spur zu setzen. Die graue Belle tauchte nicht auf.

„Ich ahne Fürchterliches!" sagte Madame und schnitt eine Grimasse. „Deine Tiere verschwanden vermutlich durch eine Zaunlücke und..."

Ich kontrollierte den Zaun und fand eine eingedrückte Stelle. Dort waren sie entwischt.

„Und?"

„Und meine Belle flitzte hinterher! Jetzt können wir alle drei suchen gehen! Warte, wir nehmen Fahrräder und den Rüden mit. Komm."

Ich ärgerte mich über meine Dummheit. Obwohl ich doch genau weiß, wie neugierig meine beiden Pferde sind, hatte ich den Zaun nicht nach Lücken abgesucht, sondern mich einfach darauf verlassen, daß der Maschendrahtzaun sie von Ausflügen abhalten würde.

Wir schwangen uns auf die Stahlrösser, ich bekam das der abwesenden Tochter des Hauses, Madame nahm den Rüden an eine lange Leine, und wir fuhren dem energisch voranstrebenden Hund nach.

„Er riecht schon etwas!" prophezeite Madame und starrte ihren Hund an, als wolle sie ihn hypnotisieren, damit er die Ausreißer fände.

Wir traten fest in die Pedale, und ich merkte, daß ich lange nicht mehr radgefahren bin. Madame kam schneller voran und strengte sich dabei nicht halb so an wie ich. Der Graue trabte hechelnd, die Nase am Boden, in eine bestimmte Richtung, und auf seinem Weg sah ich ab und zu Pferdespuren. Offensichtlich war Belle den Pferden wirklich gefolgt.

Plötzlich schoß Madames Finger in die Höhe. „Achtung!" rief sie mit voller Lautstärke. „Sieh dir den Hund an. Dort drüben muß etwas sein."

Der Rüde starrte gespannt einen Hain an. Dann bellte er, erst dumpf, dann laut und aufgeregt. Nach einigen spannungsgeladenen Sekunden tauchte zwischen den Büschen ein weißes Tier mit vorgestrecktem Kopf auf.

Ich schrie so laut ich konnte: „Midi, komm her, Midi!" Dazu pfiff ich laut, so wie Frédéric es mir beigebracht hatte.

Etwas widerwillig setzte sich Midi in Bewegung, auf einen weiteren Pfiff kam sie schnaubend auf uns zugetrabt. Sie beschnupperte den Hund und ruckte aufgeregt mit dem Kopf. Ich legte ihr vorsichtig das Halfter, das ich mitgenommen hatte, an und hielt sie fest. Sie schüttelte die Mähne und scharrte mit dem Huf.

„Wo ist denn das Fohlen? Läuft es nicht mehr mit der Mutter?" fragte Madame.

Ich hatte mich auch schon gewundert. Freiwillig pflegten sich Mutter und Kind eigentlich nie zu trennen. Was war los gewesen?

Midi war nervös, sie wieherte und schnaubte immer wieder, warf den Kopf auf und ab, tänzelte herum und schlug mit dem Schweif. Sie wollte ihren Sohn rufen und ließ sich nicht beruhigen. Aber der Kleine tauchte nirgends auf. Auch das durchdringendste Gewieher brachte ihn nicht her, genausowenig wie Belle auf das Pfeifen ihrer Herrin und das Bellen ihres Angetrauten hörte.

„Aber der Kleine kennt sich doch hier nicht aus!" sagte ich zu Madame. Wer darüber lacht, daß ich mir Sorgen machte, ist dumm oder hat noch nie nach einem eigenen Tier gesucht.

„Belle kennt sich aus, aber ich finde es seltsam, daß sie so lange von ihren Jungen fortbleibt. Das tut sie sonst nie! Bevor sie Welpen geworfen hat, ist sie oft herumgestromert, der Förster kennt sie und weiß, daß Belle nicht wildert. Aber seit der Geburt blieb sie immer in der Nähe des Hauses. Ich weiß nicht...", sie fuhr sich durch die Haare. „Ich kann nur hoffen, daß der Hunger sie heimtreibt. Wenn sie noch zusammen sind, wird dein Fohlen dann sicher mitgehen."

Wenn, wenn, wenn! Belle kann davon leben, daß sie mal ein Kaninchen jagt, aber mein kleiner Filou braucht noch Muttermilch. Ach, ich hätte mich ohrfeigen können.

„Ob wohl etwas passiert ist?" überlegte Madame. „Hör mal zu: Du setzt dich auf deine Stute, und ich lasse den Hund suchen. Die Fahrräder legen wir hier ab und holen sie nachher. Einer von uns muß die Tiere doch entdecken. Der Erdboden wird sie ja nicht verschluckt haben!"

Ich setzte mich auf Midis blanken Rücken und ließ die Zügel locker. Madame ließ den grauen Hund an der Spürleine laufen und hoffte ebenso wie ich darauf, daß die Ausreißer auftauchten. Aber weder Midis nervösem Herumrennen noch dem Bellen des Hundes war Erfolg beschieden. Filou und Belle beglückten uns weiter durch Abwesenheit.

Ich starrte mir die Augen fast aus dem Kopf, und Midi regte sich über ihren verschwundenen Sohn auf. Sie gebärdete sich immer wieder, bis sie schließlich im Zickzackgalopp hin und her raste, manchmal abrupt stehenblieb, um zu horchen, und dann wieder mit gesenktem Kopf einer Spur folgte, die nicht Filous war. Sie wieherte laut, manchmal nur leise brummelnd und war kaum noch zu halten. Nach einer Weile schwitzte sie so sehr, daß ich sie energisch durchparierte. Danach benahm sie sich etwas vernünftiger. Sie trabte voran und sog prüfend die Luft ein. Als sie nichts fand, lief sie in eine andere Richtung und schien jeden einzelnen Grashalm beschnuppern zu wollen. Roch es nach Fohlen oder nicht? Sie war sich nicht ganz sicher und ließ sich gefügig wenden und zu Madame zurückreiten.

„Was machen wir jetzt? Midi ist ganz verzweifelt, sie weiß sich, glaube ich, auch keinen Rat mehr!"

Madame nickte trübsinnig. „Mein Hund beriecht zwar alles,

aber wenn er eine Spur gefunden hätte, würde er sich ganz anders benehmen."

Der graue Weimaraner schnupperte überall und sah sich immer wieder nach Madame um, als wollte er ihr zeigen: Du mußt mir helfen, ich weiß nicht weiter!

Sie überlegte eine Weile und entschied dann: „Komm, Mädchen, jetzt drehen wir um. So hat das keinen Sinn. Zu Hause nehmen wir das Auto und fahren herum. Das geht schneller; schließlich haben die Ausreißer einen Vorsprung, den wir einholen müssen. Wir können alle Leute, die wir treffen, fragen. Irgendwer muß sie doch gesehen haben! Fällt dir etwas Besseres ein?"

„Nein. Gehen wir!"

Madame meinte, jeder Einheimische, der einen grauen Hund herumlaufen sehe, würde sofort bei ihr anrufen. Belle wäre überall bekannt. Wenn ich ehrlich bin, muß ich sagen, daß mir Belle weniger Sorgen machte. Sie ist hier zu Hause, sie kennt sich aus. Aber Filou war fremd hier, und wenn er Pech hatte, haben sie sich getrennt. Dann wäre es einfacher, einen Kupferpfennig im Ozean zu finden als meinen kleinen Hengst in der großen, bösen Welt.

Noch katastrofürchterlicher wäre es, wenn sie jemanden treffen, der sie lieb und hübsch und nett findet und die beiden behält.

Ein Stoßgebet und Daumendrücken, ob das hilft?

Das großartig Auto genannte Gefährt, in dem wir uns auf die Suche machten, nachdem Midi wieder auf der Koppel war (vor die Lücke schoben wir ein paar Bretter), hatte zehn Jahre auf dem Buckel, rumpelte und knatterte, aber immerhin: es fuhr.

Zuerst trafen wir einen gebeugten alten Mann, der sich schwer auf seinen Stock stützte und mich mit halbgeschlossenen Augen anguckte. Er sah nicht so aus, als hätte er die Ausreißer bemerkt, aber sicherheitshalber fragte Madame trotzdem: „Pardon, Monsieur, haben Sie einen grauen Hund und ein junges Pferd gesehen?"

„Hä?“ grunzte der Alte. „Wie? Ach so. Keine gesehen, leider. Aber nur nicht den Mut verlieren, Mesdemoiselles. Mir ist kürzlich meine Katze weggelaufen. Die...“

Madame trat auf das Gaspedal, die Benzinkutsche hüpfte. In plötzlichem Entschluß – und weil Madame die Handbremse gelöst hatte – fuhr sie doch los. Minutenlang starrte uns der alte Mann nach, schwer enttäuscht, daß wir, nervös wegen unserer Tiere, seine Katzengeschichte nicht hören wollten.

Es war nebenbei auch nicht zu vermeiden, daß es immer später wurde, und wir mußten die Ausreißer vor dem Dunkelwerden wiederfinden.

Die nächste Person, die wir fragten, war ein junger Mann. Als ich ihn nach Filou fragte, sagte er nachdenklich: „Sie sind doch Kristin aus der Schweiz, nicht wahr? Ich habe in der Zeitung von Ihrem Ritt gelesen. Darf ich Sie um ein Interview bitten? Ich bin Journalist, Reporter beim *Aix-les-Bains-Journal.*“

„Wie bitte? Die Zeitung stammte doch aus Montélimar?“

„Stimmt, aber wir erfuhren auch davon, und da Sie gerade in Aix sind, wäre unser Chef froh über ein Interview.“

„Tatsächlich?“

„Bestimmt! Darf ich Sie also um ein paar Antworten bitten?“

„Bitten ja, erhalten nein. Wir müssen erst unsere Suche beenden. Au revoir!“

Madame lachte beim Weiterfahren. „Wenn mich nicht alles täuscht, wirst du dich morgen in der Zeitung bewundern können. Der schreibt eiskalt alles ab, was du dem anderen Reporter gesagt hast. Dieser Kerl da ist eine Nervensäge, er jagt andauernd hinter nichtvorhandenen Sensationen her. Dazu glaubt er, ein großartiger Journalist zu sein.“

Kurze Zeit später trafen wir ein kleines Mädchen, das am Straßenrand saß und weinte.

„Hallo, Kleine, hast du einen großen Hund und ein Pferd gesehen?“

„Huuh, sniff. Jaha. Groß, dunkel un böse. Huhhh, er hat mis andebellt! Ich hab soo Angst dehabt."

„Wo denn? Wo ist der Hund jetzt?"

„Weg."

„Bitte, es ist mein Hund, ich suche ihn, wo ist er?"

Die Kleine preßte die Hände vors Gesicht und antwortete nicht mehr. Plötzlich hörte ich Stimmen, und während Madame das kleine Mädchen tröstete, schnappte ich die Worte „Fohlen" und „großer Hund" auf. Ich warf mich aus dem Auto und rannte in die Richtung, aus der die Stimmen kamen.

Es war ein Bilderbuchanblick: Auf einer grünen Wiese stand eine Mutter mit ihrem pausbäckigen Kind. Die Mutter tätschelte Belle, und das Kleine patschte seine runde rosa Hand gegen Filous Hals. „Liebes Pferd!" krähte es dazu.

Ich stieß vor Überraschung einen Schrei aus und schlug mir sofort mit der Hand auf den Mund. Zu spät! Die Hündin hatte mich bereits entdeckt und sah auch Madame heranrasen. Das Tier wußte aus Erfahrung, daß es eingefangen werden sollte. Die Hündin blaffte verächtlich und warf sich herum. Bevor sie im Galopp davonlief, warf sie das kleine Kind um, das natürlich sofort zu weinen begann und sich von Mama trösten ließ.

Filou raste hinter Belle her, und ich verfolgte die beiden im Schweinsgalopp. Mein Mitlaufen feuerte Filou natürlich erst recht an. Aber ich erwischte ihn trotzdem, weil er noch nicht schnell rannte. Ich klammerte mich an seiner Mähne fest.

Filou wurde langsamer! Zu früh gejubelt. Als ich ihn in meiner Gewalt glaubte, machte er einen gekonnten Luftsprung, der mich auf den Boden warf, und galoppierte mit Höchstgeschwindigkeit davon.

Ich hörte Belle hecheln, als sie an mir vorbeistürmte. Verflixtes Biest.

Madame kam zu mir und half mir beim Aufstehen. Ich hatte mir den rechten Knöchel verstaucht, Mist!

Weitere Verfolgung von meiner Seite her unmöglich. Aber wir wußten nun wenigstens, in welcher Gegend sich die Rabauken herumtrieben. In der Ferne konnten wir die beiden sehen; sie hatten sich beruhigt und gingen langsamer weiter. Belle legte sich sogar ins Gras und wälzte sich japsend. Filou rieb seinen Hals an einem Busch.

Wir fuhren mit dem Auto so nahe wie möglich an die beiden heran. Belle hob prüfend den Kopf. Madame pfiff ihr einen strengen Befehl zu. Sie zögerte, eine Vorderpfote erhoben. Als Madame wieder rief, siegte ihr Gehorsam. Sie kam heran und legte ihren Kopf auf Madames Schoß. Madame streichelte sie und legte ihr eine Leine an.

„Sie war immer gehorsam und außerdem eine gute Mutter", sagte Madame vor sich hin. „Was ist bloß in dich gefahren, Belle? Wahrscheinlich haben wir dich aufgejagt. Ich glaube nicht, daß du deine Jungen im Stich gelassen hättest, du wärst sicher bald von selbst heimgekommen, stimmt's, Belle?"

„Sie ist ziemlich freiheitsliebend, nicht?" fragte ich. „Und mein frecher Filou folgt ihr auch noch!"

Filou sah geringschätzig zu uns herüber. Er dachte nicht daran zu kommen. Als Madame auf ihn zuging, hüpfte er ein Stück fort.

Sie kam zurück zum Auto. „Das mußt du machen", erklärte sie, „mich kennt er nicht gut genug."

Ich humpelte gehorsam auf den Ausreißer zu und redete auf ihn ein. Offensichtlich war es ziemlich dummes Geschwätz, denn er zeigte keine Anstalten, näherzukommen. Filou blieb nur stehen und sah mich an. Als ich ihn am Stirnschopf festhalten wollte, machte er eine rasche Drehung und entwischte.

Dieses nette Spiel trieb er noch einige Male. Dann überlistete ich ihn. Ich tat so, als wolle ich nach dem Schopf fassen und griff dann erst bei seiner ausweichenden Bewegung zu. Filou reagierte nicht schnell genug und war gefangen. Er machte ein verdutztes Gesicht und ließ sich widerstandslos das Halfter überstreifen.

Madame holte einen Strick aus dem Auto, befestigte ihn an Filous Halfter und gab mir das Seilende in die Hand. Also hockte ich mich hinten in die Karre, hielt den Strick fest, und dann ging's los! Ganz langsam natürlich.

Filou wunderte sich über diese neue Methode, tapste erst zögernd hinterher und fand dann die Situation ausgesprochen unwürdig. Er weigerte sich weiterzugehen, aber nachdem er mir fast den Arm ausgerissen hatte, blieb ich Sieger, und er folgte.

Als wir bei der Weide ankamen, hörten wir ein durchdringendes Wiehern. Midi trabte zum Zaun und hielt ihrem Sohn eine lautstarke Standpauke.

„Schimpfen kannst du nachher!“ sagte ich zu ihr. „Jetzt freue dich erstmal, daß wir deinen Kleinen wiedergefunden haben!“

Midi beschnupperte ihr Fohlen aufgeregt und tänzelte um es herum. Als wir Filou auf die Wiese ließen, folgte sie ihm wie angeklebt, als fürchte sie, das Fohlen könnte wieder verschwinden.

Die Hündin wurde von der daheimgebliebenen Jugend sofort als Tankstelle benutzt. Bald lagen alle, Mutter und Welpen, schlafend im Korb. Madame und ich flickten die Lücke im Zaun, dann gingen wir ins Haus.

Mich würde es interessieren, warum sich Filou und Midi voneinander getrennt haben. Normal ist das nicht, es mußte sich irgend etwas ereignet haben.

Nach diesem aufregenden Tag schliefen alle besonders tief und lange.

Aix-les-Bains, den 16. August

Madame weckte mich heute mit demselben lustigen Lächeln, das ich gestern bei ihr gesehen hatte, während wir den Lac du Bourget auf der Landkarte angesehen hatten.

Wir versorgten die Pferde und Hunde. Ich erzählte ihnen liebevoll, was passieren würde, wenn sie noch einmal ausbrächen. Dann gingen wir ins Haus und frühstückten. Mich wunderte der vergnügte Blick von Madame, aber ich sagte nichts. Schließlich rückte sie mit ihrer Überraschung heraus: Wir würden heute mit einem Motorboot auf dem Lac spazierenfahren, sagte sie. Ich wäre ihr fast um den Hals gefallen. Motorbootfahren wollte ich schon immer mal.

Auf meine neugierigen Fragen hin antwortete sie, daß ein guter Bekannter von ihr ein Boot habe. Dieser sympathische Mensch also hatte uns zu einer Rundfahrt eingeladen.

Madames sechzehnjährige Tochter Juliette wollte auch mitkommen. Wir drei stiegen in das alte Auto und brausten los. Das Wetter war große Klasse: blauer Himmel, strahlende Sonne und ein leichter, angenehmer Wind. Nach kurzer Fahrt bremste Madame, und wir kletterten aus der Benzinkutsche heraus.

Ein breitschultriger Mann stand am Ufer neben einer kleinen Hütte und starrte auf den See. Madame rief ihn an. „Nicolas! Nous voilà!“

Er drehte sich um. „Allo, ça, c'est bien, Madame. Bonjour, Mesdemoiselles! Da seid ihr ja! Wie geht's?“

Sie überschwemmten sich gegenseitig mit einem Redestrom. Dann gab Nicolas mir die Hand. „Besuch aus der Schweiz?! Schön dort, nicht wahr? Freut mich, Sie kennenzulernen!“

Während er mit Juliette redete, sah ich auf den See hinaus. Er gefiel mir gut. Ein leichter Wind kräuselte das Wasser und blies mir vom See her ins Gesicht.

Auf einmal tauchte ein schnittiges rotes Boot auf, die Nase – fachmännischer ausgedrückt: den Bug – in die Luft gereckt und mit Vollgas daherflitzend. Beim näheren Hinsehen sah ich in dem Sprühregen hinter dem Boot einen Menschen auf Wasserskiern stehen. Das Motorboot fuhr im Kreis und wieder geradeaus, machte zackige Kurven und raste herum, als hätte es den Verstand verloren. Offensichtlich sollte der Skifahrer abgeschüttelt werden. Zuerst paßte sich der junge Mensch den Kapriolen geschickt an, aber schließlich plumpste er wirklich ins Wasser. Er war nicht weit vom Ufer entfernt, deshalb klemmte er seine Bretter unter den Arm und schwamm an Land.

Er kletterte aus dem Wasser und schüttelte sich. Dann sah er uns vier herumstehen und lachte uns an. „Ist das ein gerissener Kerl! Er wollte mich schon weiter draußen ins nasse Element kippen!"

Ich sah die Bretter, die er in den Händen hielt, neugierig an. Ich konnte mir eine neugierige Frage nicht verkneifen: „Ist das eigentlich schwierig?"

„Nein", grinste das Wesen in der Badehose, „ganz einfach, wenn man es gelernt hat und nicht so einen Fahrer wie Pierre erwischt. Allerdings ist das Reinfallen eine ziemlich nasse Angelegenheit."

Nein, wirklich! Das konnte ich mir ja gar nicht vorstellen! Es sollte wohl ein kleiner Scherz sein.

„Sind Sie eigentlich das Mädchen, das von Arles nach Genf reitet?" fragte er. Neugierig war er also auch.

Als ich nickte, lachte er. „Unser rasender Reporter hat heute darüber geschrieben. Sie dürfen sich als Stadtgespräch betrachten!"

Madame tippte mir auf die Schulter. „Was habe ich dir gestern gesagt!"

Der junge Mann verschwand mit Nicolas in der Hütte. Dann fuhr das Boot an den Steg heran und hielt. Der Mann am Motor, offensichtlich Pierre, winkte Madame zu. Er grinste. „Solche Dinge wie das Wiedersehen mit Ihnen, Madame", sagte er, „machen das Leben erst lebenswert!"

Madame lachte.

„Darf ich bitten, meine Damen? Eine unvergeßliche Fahrt auf meinem feurigen Seepferdchen?"

Madame, Juliette und ich stiegen ein; dummerweise setzten wir uns vorn in die Kabine, um besser sehen zu können.

Wie dumm das war, stellte sich heraus, als wir mitten auf dem See herumsausten. Der Bug des Bootes knallte immer wieder gegen die heranrollenden Wellen. Obwohl sie nicht hoch waren, wurden wir kurz in die Luft geworfen und plumpsten in der nächsten Sekunde auf das Holzbänkchen. Mein verlängerter Rücken beklagte sich bitter.

Plötzlich schlug ein schwerer Körper gegen die Vorderscheibe. Uns setzte vor Schreck fast das Herz aus.

Dem Vogel auf der Scheibe bestimmt auch.

Pierre bremste sofort. Er kletterte auf dem handbreiten Steg auf die Bootsschnauze und griff nach dem flatternden Vogel. Vorsichtig löste er die eingeklemmte Schwinge und betastete sie zart, während das Tier mit dem Schnabel nach ihm hackte. Als es ihn traf, ließ der Mann los, und der arme Vogel fiel ins Wasser. Nach wenigen Sekunden schüttelte er sein Gefieder, bewegte die Schwingen und flog wieder auf. Ein Klecks auf die Scheibe war sein Abschiedsgeschenk.

„Bin ich froh!“ sagte Madames Tochter. „Der arme Kerl tat mir so leid. Hoffentlich ist er wirklich heil geblieben.“

Wir hofften das alle.

Der Retter hatte aber noch etwas Pech. Nach der Befreiung tastete er sich auf dem schmalen Bootsrand zurück, stolperte plötzlich und fiel mit einem lauten Platsch ins Wasser.

„Mann über Bord“, juchzte Juliette.

Madame lachte ihn aus. „Das ist die Strafe dafür, daß Sie Pitt abgeschüttelt haben!“

Mit meiner unvermeidlichen Neugier fragte ich etwas doof: „Pitt? Wer ist das?“

„Der Wasserskifahrer. Er fährt gut, aber Pierre spinnt ab und zu.“ Madame lächelte. „Für wie alt hältst du ihn?“

Woher sollte ich wissen, wie alt der Junge war? Es war mir auch egal.

„Achtzehn. Du hast ihn für älter gehalten, ich weiß, das tun alle.“

„Ich habe noch eine Überraschung für dich, Kristin!“ fuhr sie fort. „Pitt ist ein Landsmann von dir. Er wohnt in Genf. Wenn seine Ferien in ein paar Tagen zu Ende sind, geht er wieder heim.“

Nein, wie aufregend. Ich hatte mindestens gedacht, daß die Welt untergeht, aber Madames Phantasie scheint sich im Augenblick ausschließlich mit diesem Jüngling zu beschäftigen.

Der nasse Fahrer wurde an Bord gehievt und lenkte sein Seepferd in Richtung Bootssteg. Madame redete weiter: „Vielleicht wunderst du dich, warum ich dir soviel über Pitt erzähle, aber er ist auch ein Pferdeliebhaber und wird sicher nach Midi fragen. Ich dachte, wenn er ein Landsmann ist und Pferde liebt, wirst du ihm einen Blick auf Midi gestatten!“

Was soll das denn heißen? He, will Madame ihre Tochter etwa mit diesem immerhin verhältnismäßig gutaussehenden Jungen verkuppeln?

Jedenfalls warf Juliette einen schmachtenden Blick auf Pitt, als er, jetzt in Cordhosen und Pulli, auf den Bootssteg kam.

Später saßen wir in der Bootshütte zusammen und stießen mit französischem Rotwein auf alles mögliche an.

„Auf viele gemeinsame Bootsfahrten!“ sagte Nicolas.

„Auf weniger nasse“, fügte der Pechvogel Pierre hinzu.

„Darauf, daß Kristin gesund nach Hause kommt“, meinte Madame freundlicherweise. Das hoffe ich auch.

„Auf daß wir uns mal in der Schweiz wiedertreffen“, schlug Pitt vor. Er bemerkte Juliettes eifriges Nicken und seelenvolles Blikken nicht einmal, was sie schwer enttäuschte.

Als ich dran war, fiel mir nichts besseres ein als „Auf daß wir alle gesund und munter bleiben“. Nicht sehr phantasievoll, aber ich finde Gesundbleiben wichtiger als Bootfahren.

Als wir aus der Hütte traten, wandte sich Pitt an mich.

Juliette warf mir giftige Blicke zu.

Dabei wollte er nur wissen, was für ein Pferd ich reite und wie es heißt.

„Sie heißt Midi, eine Camargue-Stute."

„Schön. Wenn ich nicht selbst ein Pferd hätte, würde ich Sie jetzt beneiden! Bis zur Koppel ist es nicht weit, oder? Könnte ich mir die Stute einmal ansehen?"

Wie Madame prophezeit hatte! Als ich sie angrinste, nickte sie eifrig. Ob sie Angst hat, daß Juliette keinen Mann mehr bekommt? Ich ergab mich in mein Schicksal und nickte.

Während der Fahrt erzählte er mir über sein Pferd, einen braunen Halbblutwallach.

Madames Tochter hängte ihre Blicke wie mit Tesafilm festgeklebt an Pitts schwarzen Lockenkopf. Er merkte das schließlich, zuckte mit den Mundwinkeln und fragte ganz höflich: „Reiten Sie auch, Mademoiselle? Mögen Sie Pferde?"

Juliette errötete hold und sagte mit Fistelstimme: „O ja, sie sind reizend."

Ob sich das auf den werten Knaben oder die Pferde bezog, blieb offen.

Ich war sehr stolz auf Midi, als sie mit wehender Mähne auf mich zutrabte und dann zutraulich ihren Kopf an meiner Schulter rieb.

Pitt blickte sie bewundernd an und ging langsam um sie herum. „Schön, Ihre Midi, sie gefällt mir! Gut gebaut..." Er streichelte ihr glattes Fell und nickte mit vorgeschobener Unterlippe. „Gehört das Fohlen dazu?"

„Ja, es ist ihres. Filou; so hat es Frédéric getauft."

Es war unvermeidlich, daß er jetzt nach meinem alten Freund fragte und so die ganze Geschichte erfuhr.

„Ist sie gut eingeritten?" wollte er wissen.

Ich lobte Midi, und es endete damit, daß Pitt die Stute in Genf besuchen wollte. Seine Lobsprüche auf Midi und Filou machten mich großzügig, und ich sagte: „Warum nicht?"

Daß sich Madames Tochter vor – selbstverständlich grundloser – Eifersucht fast überschlug, versteht sich von selbst. Besonders schlimm war für sie die Tatsache, daß Pitt deutsch redete, als er merkte, wie unvollkommen mein Französisch ist.

Nachdem der Junge wieder fortgegangen war, aßen wir zu Mittag. Juliette mißgönnte mir jeden Bissen.

Madame holte die Zeitung und zeigte mir den Artikel, den der Reporter des Aixer Tagblattes geschrieben hatte. Er hatte eine halbe Seite mit Phrasen und dem, was er von dem Montélimar-Blatt wußte, gefüllt.

Mit der Zeitung unterm Arm verschwand ich über die Treppe ins Gästezimmer und hörte zufällig noch, wie Madame ihre Tochter tröstete: „Es gibt doch noch so viele andere Jungen, Julie. Wenn Pitt lieber Kristin als dich wiedersehen will, so ist das seine Sache."

Während Juliette daraufhin losschluchzte, warf ich mich aufs Bett. Die hatten ja Ideen! Mir einen Verehrer anzuhängen! Verzichte großzügig und danke bestens! Bestimmt denkt Pitt genauso darüber, er scheint nämlich ganz vernünftige Ansichten zu haben.

Ich muß schon sagen, der Ritt nach Genf ist sehr abwechslungsreich! Bloß gut, daß ich morgen weiterreite, sonst würde mich Juliette in ihrer Eifersucht noch erdolchen!

Annecy, den 17. August

Der Ruhetag gestern hat meinen Camarguais gutgetan, sie waren den ganzen Tag quietschfidel, obwohl sie etwa dreiunddreißig Kilometer laufen mußten; das ist eine ganze schöne Strecke für eine Stute und ihr Fohlen.

Abritt in Aix-les-Bains um halb sechs. Wir kamen durch La Biolle, ein Dorf, das aus lauter verstreut liegenden Häusern und

Höfen bestand; dann Albens, ein Städtchen mit einem Aero-Club – ich habe eine Weile beim Starten und Landen der Flugzeuge zugesehen – und St. Félix. Hier beginnt die Haute Savoie, Hochsavoyen.

Das Wetter war diesig, es sah nach Regen aus, und deshalb war ich froh, als ich ein Schild *Alby-sur-Chéran vous souhaite* entdeckte. Alby war laut Landkarte der nächste Ort, und ich hoffte, mich dort irgendwo unterstellen zu können. Aber die Freude war verfrüht. Bevor wir nämlich nach Alby kamen, mußten wir noch etwa vier Kilometer bergab reiten. Links erhob sich eine Felswand, und rechts klaffte ein Abgrund. Der Verkehr war verhältnismäßig lebhaft, und ich mußte Filou an den Sattel binden. Manchmal hat er nämlich den Tick, Luftsprünge zu machen oder ein paar Meter zu galoppieren. Neben den Autos wollte ich das nicht riskieren.

Noch regnete es nicht. Also kletterten wir hinter Alby-sur-Chéran wieder bergauf. Ich fragte mich, wieso die Straßen dauernd bergauf und -ab führten. Das war sehr anstrengend.

Oben auf dem Hügel atmete ich dreimal tief durch. Das gefiel mir schon besser: ein weicher, angenehmer Waldweg am Rande eines schilfbestandenen Moors. Der arme Kleine mußte an der Leine bleiben, damit er nicht vom Weg abkommen und im Moor versinken konnte.

Annecy, der Ort mit der rundtürmigen Festung und dem See, war mein Tagesziel. Als wir noch ein paar Kilometer von der Stadt entfernt waren, fing es nun doch an zu regnen. Ein handfester Wolkenbruch. Bald waren wir drei ganz naß. Filou versuchte instinktiv, unter Bäumen Schutz zu finden. Schließlich mußte ich ihn wieder an den Sattel binden, damit er überhaupt folgte. Wenn wir gestern in den See gefallen wären wie Pierre, wären wir auch nicht nasser gewesen.

Midi und Filou haben es besser als ich, ihr Fell ist so gewachsen, daß nur das Deckhaar, nicht die Unterwolle naß wird, wenn sie durch den Regen gehen. An den Grannen laufen die Wassertropfen dann ab. Ich werde dagegen völlig durchnäßt: Haare und Kleidung und Haut. Wir trieften vor uns hin.

In Annecy hatten die Legrands leider keine Freunde mehr, und weil ich bei solchem Wetter nur ungern im Freien übernachtet hätte, machte ich mich auf die Suche nach einer Unterkunft.

Was ich schließlich als Schlafplatz auserkor, war zwar keine richtige Unterkunft, aber besser als nichts. Ein ehemaliger Hof, bei dem bis auf dreieinhalb Wände und ein Viertel vom Dach alles fehlte. Unter den Dachrest legte ich mein Gepäck und mich. Ich hatte unseren Unterschlupf so weit verbarrikadiert, daß die beiden Pferde nicht hinauslaufen konnten.

Es ist wahrhaftig ein erhebendes Gefühl, völlig durchweicht neben bröckeligen alten Mauern zu liegen. Das kann ich später einmal in meinen Memoiren schreiben.

Als ich wieder aufwachte, war es finstere Nacht, die Mondsichel war dünn wie nach einer Abmagerungskur, und der Regen hatte aufgehört. Als ich genauer hinhörte, erkannte ich das Geräusch, das mich geweckt hatte: schlurfende Schritte.

Plötzlich blendete mich eine Taschenlampe.

„Bonne nuit“, sagte eine helle Stimme, „was machen Sie hier?“

Ich gab ein verschlafenes Grunzen von mir. „Schlafen.“

Das Wesen machte einen Schritt auf mich zu und piekste mir die Lampe fast in die Nase.

„Sie sind ja ganz naß!“

„Wirklich? Das muß daran liegen, daß es den ganzen Nachmittag geregnet hat.“

„Seien Sie nicht albern! Hier hat ein Pferd gewiehert, deshalb bin ich hergekommen.“

Als die Person endlich den Lichtstrahl von meinem Gesicht wegrichtete, erkannte ich ein Mädchen, das in einen viel zu großen Mantel gewickelt war.

„Es hat gewiehert? Erstaunlich!“ Ich war vor lauter Müdigkeit

8 9944-10

ziemlich unfreundlich.

„Hätten sie lieber ein Dach überm Kopf?“ wollte die Kleine wissen.

„Im Prinzip ja. Zauberst du mir eins her?“

Sie lachte und schüttelte ihre Locken, die ihr feucht am Kopf klebten. „Wenn Sie wollen, können Sie zu uns kommen. Wir haben Platz für Ihr Pferd und Sie.“

Ich nickte vor mich hin. Dieser Vorschlag hörte sich gut an. „Das ist wirklich nett. Aber bitte sieze mich nicht mehr; da komm' ich mir so entsetzlich alt vor!“

„In Ordnung. Kommst du, oder willst du dir einen Schnupfen holen?“

Ich nahm den Sattel und die Packtaschen hoch und pfiff nach Midi. Sie kam sofort und ließ sich die Trense anlegen.

„Filou!“

Ein leises Geräusch verriet mir, daß er gehorchte und angetrottet kam. Die Kleine starrte in die Dunkelheit. Als sie das Fohlen erkannte, faßte sie es am Halfter. Filou mag es nicht sehr, wenn Fremde das tun, aber er fügte sich.

Das Mädchen kam mit, um uns den Weg zu zeigen. Unsere nächtliche Kavalkade muß für einen Beobachter ziemlich seltsam ausgesehen haben. Vorne ein durchnäßtes Wesen, vollbepackt, mit einem Schimmel am Zügel, und dahinter ein kleineres Mädchen, das in einen alten, zu großen Mantel gehüllt war und ein hüpfendes schwarzes Fohlen führte.

Wir kamen zu einem Backsteinhaus, neben dem eine Scheune stand. Das Mädchen öffnete die quietschende Tür des Schuppens und führte Filou hinein. „Auf dem Boden liegt Stroh, und in der Ecke da drüben ist ein Heuhaufen. Damit sind deine Pferde doch hoffentlich zufrieden?“

„Sicher!“

Midi ist immer dann glücklich, wenn sie zu fressen hat und nicht angebunden wird. Wie Kühe angekettet zu werden, hassen sie beide. Frédéric ließ sie ja immer frei herumlaufen.

Als wir zum Haus gingen, wurde ein Fenster geöffnet. Ein Männerkopf sah heraus und sagte: „Bonjour, kommen Sie herein! Oder sind Sie ein Landstreicher?“

„Fast“, antwortete ich, „ich trampe hoch zu Roß nach Hause.“

Der Mann öffnete die Haustür. Er trug ausgebeulte Hosen und ein verwaschenes Hemd. Auch seine Frau, klein und grauhaarig, war nicht nach der Pariser Mode gekleidet, aber das störte gar nicht. Sie hatten beide freundliche Gesichter und ein sympathisches Lächeln.

Ich als Pseudo-Landstreicher bin auch nur bequem und nicht schick angezogen. Es ist praktischer so.

Das Mädchen – so klein war sie gar nicht, ich schätze, etwa zwölf – führte mich in eine saubere, kleine Kammer, wo ich mich umziehen konnte. Dann legte ich mich zum Schlafen auf das Sofa.

Als ich wieder aufstand, war es auf der Uhr halb eins. Weil ich gar nicht müde war, beschloß ich, noch einmal nach Midi zu sehen. Sie schickte mir ein leises Wiehern entgegen, als ich in die Scheune kam. Ich streichelte sie und guckte, ob sie alles hatte, was sie zum Glücklichsein braucht. Sie stupste mich mit ihren weichen Nüstern an und prustete mir ins Ohr. Gerade, als ich wieder gehen wollte, scharrte Filou in einer Ecke mit dem Huf. Ich ging zu ihm und klopfte seinen Hals.

Irgendwie muß ich dort dann eingeschlafen sein.

Kurz vor der Grenze, 18. August

Als ich aufwachte, lag ich im Stroh. Filou stand vor mir, und die Tasthaare seiner Nüstern kitzelten mich an der Stirn. Midi schnoberte an meinen Haaren herum und wieherte leise, als sie merkte, daß ich aufgewacht war und mich bewegte.

Es war schon sieben Uhr, so spät bin ich noch nie losgeritten! Ich sprang auf die Füße und ging zum Haus. Das alte Ehepaar saß mit seiner Enkelin am Frühstückstisch und begrüßte mich freundlich.

„Ich habe meinen Großeltern gesagt, daß du im Stall geschlafen hast", erzählte das Mädchen lächelnd.

„Ja, ich bin eingeschlafen, als ich noch mal nach den beiden gesehen habe, wie, weiß ich auch nicht!"

„Macht ja auch nichts. Du, soll ich Hafer für deine Stute holen?"

Ich sah wahrscheinlich erstaunt aus. „Hast du denn welchen?"

Die Kleine lachte und lief aus dem Haus. Bald darauf kam sie mit einem vollen Eimer Hafer wieder. Sie füllte meinen Haferbeutel auf und gab die andere Hälfte Midi. Meine Süße stürzte sich mit Heißhunger darauf. So viel Kraftfutter hatte sie lange Zeit nicht bekommen. Gesund und munter ist sie trotzdem geblieben.

Nachdem Midi satt war, lud mich das Mädchen ein, mit ihnen zu frühstücken. Mein Magen knurrte bereits wie ein gereizter Hund, und ich sagte nicht nein. Nach dem Essen packte ich Midi Sattel und Taschen auf den Rücken und halfterte sie auf. Ich bedankte mich bei den freundlichen Menschen und ritt hutschwenkend davon.

Die Sonne schien heute wieder, und Filou durfte frei mitlaufen. Erst als wir nach Annecy kamen, band ich ihn an den Sattel. Ich fragte mich zum Postamt durch, weil Monsieur Legrand gesagt hatte, er werde postlagernd nach Annecy schreiben und das Neueste berichten, falls es etwas zu berichten gab.

Auf dem Weg zur Post folgte uns eine Schar von Kindern, die Midi und das goldige, süße Fohlen bewunderten und alle einmal streicheln wollten. Ein kleiner Junge und zwei braunhaarige Schwestern versprachen mir, auf Midi achtzugeben, während ich nach Post fragte.

Monsieur Legrand hatte sein Versprechen gehalten. Der Postbeamte drückte mir einen Brief in die Hand, und als ich bezahlen wollte, schüttelte er den Kopf: Monsieur Legrand habe alles bezahlt.

Chère Kristin, schrieb er, *wir alle hoffen, daß Du gesund nach Annecy gekommen bist. Meine Frau ist ganz nervös und fürchtet, daß Dir etwas Schlimmes zugestoßen sei; Marie jammert schon die ganze Zeit, sie habe Dir doch die Gegend um Arles zeigen wollen. Warum Du so schnell fortgeritten seist, und so weiter. Wie geht es Deinen Pferden? Wir bringen jede Woche frische Blumen auf Frédérics Grab.*

Was ich noch schreiben wollte: Deine Eltern wissen jetzt Bescheid. Ich habe ihnen in einem Brief alles erklärt. Die Verantwortung war zu schwer. Wie hätte ich es Deinen Eltern erklären sollen, wenn Dir etwas geschieht? Dein Koffer ist inzwischen auf dem Heimweg. Du wirst jetzt bald daheim sein, freust Du Dich? Bestelle Deinem Vater und Deiner Mutter viele Grüße von uns.

Laß es Dir gutgehen!
Dein Ferienvater Pierre Legrand

Jetzt wissen sie es also doch. Mum wird sich ganz schöne Sorgen machen. Aber ich werde ja bald daheim ankommen.

Ich antwortete Monsieur Legrand auf einer Karte, daß ich gut bis Annecy gekommen und alles in Ordnung sei. Wenn es meine Eltern jetzt wüßten, blieben mir lange Erklärungen erspart, insofern sei ich ihm dankbar. Aus Genf werde ein längerer Brief folgen.

So weiß er wenigstens, daß ich nicht verlorengegangen bin. Sie sollen bloß nicht anfangen, mich nachträglich in Watte packen zu wollen, da streike ich!

Nicht ich, sondern Midi und Filou sind jetzt wichtig.

Hinter der Stadt tobten wir drei übermütig über eine Wiese. Auf einmal schnaubte Midi laut und bremste mit aufmerksam nach vorn gerichteten Ohren.

Vor uns stand breitbeinig ein dünner Mann, die Hände in die Seiten gestützt, und starrte uns an. Nicht böse, aber so eigentümlich, daß mir ein ungemütliches Gefühl den Rücken hinaufkroch. „Bonjour", sagte ich unsicher.

Gehörte ihm die Wiese, oder was war los? Soviel ich weiß, lieben die meisten Wiesenbesitzer keine Pferdehufe, die im Galopp das Gras aufwühlen und Grassoden durch die Luft schleudern.

Aber er sah nicht wie der Grundstückseigentümer aus; deshalb trieb ich Midi an, um an dem Mann vorbeizureiten.

Sie wollte gerade antraben, als der Kerl nach den Zügeln faßte. Ich finde es gräßlich, wenn jemand die Zügel festhält, während ich im Sattel sitze. Bevor ich losschimpfte, ließ er bereits wieder los und fragte: „Ist das Pferd zu verkaufen?"

„Non, bestimmt nicht!" sagte ich kurz.

Er starrte Midi an, als wolle er sie fressen.

So schnell es ging, ritt ich um die nächste Kurve. Stumm sah uns der Dünne nach.

Solche Kerle sind mir mordsunsympathisch. Einfach Midis Zügel zu packen und dumme Fragen zu stellen, also wirklich...! Und Midi verkaufen? Dazu ritten wir ja nicht quer durch Südfrankreich! Um ihm nicht unrecht zu tun, muß ich zugeben, daß er davon nichts wissen konnte.

Wenig später war ich schon im Begriff, ihn zu vergessen. Finster aussehende Kreaturen mit dunklen Brillen gibt es ja öfter, und außerdem war es leicht möglich, daß dieser Mann ein harmloser Bürger war.

Gerade als ich beschlossen hatte, ihn zu vergessen, auch wenn er mir nicht paßte, fuhr neben mir auf der Straße ein graues Auto vorbei: der dünne Kerl!

Ich fühlte mich nicht wohl dabei. Aber ich neige eben zu leichter Verdummung. Es ist schließlich allen Menschen erlaubt, auf einer kurvigen Hochwaldstraße in Richtung Genf zu fahren, auch wenn sie dabei einem Pferd mit Fohlen und einem zitternden Bündel Mensch auf dem Rücken begegnen.

Zehn Minuten später hatte ich ein mulmiges Gefühl in der Kehle. Als ich an einer Rastplatzausfahrt vorbeikam, brauste nämlich ein Auto heraus und fuhr uns fast an. Ich wußte, daß es der finstere Kerl war, noch bevor ich ihn erkannt hatte.

War diese dritte Begegnung Absicht oder Zufall? Ich lasse mich nicht gern verfolgen. Wenn der mir womöglich die beiden Pferde abnehmen will, mit Drohungen oder Diebstahl. Ich bekam Angst.

Ich schimpfte mich wegen dieser dummen Ideen aus, aber es half nichts. Als der graue Wagen vor uns um die nächste Ecke verschwand, malte ich mir bereits aus, wie er am nächsten Rastplatz wieder auf uns lauern würde.

Ich lenkte Midi durchs Gelände und trieb sie hinter ein Dickicht, das etwa hundertfünfzig Meter von der Straße entfernt war und von dem aus ich den nächsten Park- und Rastplatz sehen konnte.

Tatsächlich! Ein grauer Wagen, neben dem ein magerer Mann stand, der offensichtlich nach etwas Ausschau hielt.

Durchquerten wir eine Verbrechergegend, wo harmlose Reiter verfolgt werden? Kristin, du spinnst, sagte ich mir. Aber das seltsame Gefühl blieb.

Kerl, hau ab, meine Pferde bekommst du nie! dachte ich und merkte dann, wie kindisch das war. Schließlich war er stärker als ich.

Ich versuchte es so einzurichten, daß der Kerl uns nicht sehen konnte, als wir zur Straße zurückkehrten. Ha, er hatte uns nicht gesehen. Mochte er auf seinem Rastplatz schmoren!

Vorerst tauchte das graue Auto nicht wieder auf. Ich ließ Midi am langen Zügel im Schritt gehen, weil sie von den Klettertouren und der Hitze schon schwitzte. Filous lockiges Schweiflein hing wegen der prallen Sonne müde herunter, den Kopf ließ er hängen, und der übermütige Ausdruck in seinen Augen war auch verschwunden. Midi und ich waren ebenfalls müde. Wir brauchten alle eine Pause.

Ich lenkte Midi auf einen Seitenweg, weil uns von dort das Grün einer kleinen, von Bäumen eingerahmten Wiese entgegenleuchtete. Der kleine Hengst hatte sie längst entdeckt und wälzte sich zufrieden im Gras. Ich hoffte, daß uns der dünne Mann hier nicht sehen würde, wenn er vorbeifuhr.

Nachdem ich Midi Sattel und Trense abgenommen hatte, legte auch sie sich ein paar Minuten hin. Ich legte mich neben sie, verschränkte die Arme hinterm Kopf und sah den vorbeiziehenden Schäfchenwolken nach. Alles war ruhig, friedlich und sonnig.

Plötzlich verdunkelte sich mein Blickfeld – der magere Kerl! Ich fuhr erschrocken hoch und sah ihn mit heruntergezogenen Mundwinkeln vor mir stehen. Noch aus drei Meter Entfernung roch ich, daß er getrunken hatte.

„He", seine unsympathische Stimme klang wie das Röhren eines Nilpferdes – röhrt ein Nilpferd? Ehrlich gesagt, ich weiß es nicht; aber jedenfalls klang es so – „haben Sie sich's überlegt? Ich will das Pferd immer noch!"

Ich reagierte nicht. Mit betont abweisendem Blick wandte ich meinen Kopf zur Seite und hörte gar nicht hin, als er versuchte, auf mich einzureden. Er setzte sich neben mich.

Als ich in Arles startete, dachte ich nicht daran, daß es Kerle gibt, die allein reitende Menschen nicht in Ruhe lassen. Jetzt hätte ich gern einen schlagkräftigen Begleiter gehabt.

Der Kerl stierte uns an. Dann stand er langsam auf und schlurfte auf meinen kleinen Filou zu. Ich sperrte die Augen auf. Wehe, du tust dem Fohlen etwas! dachte ich und ballte die Fäuste.

Der Mensch kickte das schlafende Fohlen mit seiner Schuhspitze in den Bauch und schrie: „Steh auf, du Biest! Will dich ansehen, bevor – hicks – ich dich kaufe!"

Da konnte ich mich nicht mehr beherrschen. Ich rannte zu meinem Fohlen und fuchtelte dem Kerl mit meiner Faust vor der

Nase herum. Er grinste nur spöttisch, und als ich etwas sagen wollte, schnitt er mir das Wort ab: „Wie ich das Vieh behandle, geht dich einen Dreck an, Kleine. Wenn ich es gekauft habe, geh ich sowieso mit dem Rotzkerl um, wie ich will!"

Da soll einem nicht die Hutschnur platzen!

„Deshalb bekommen Sie meine Pferde ja auch nicht!" schrie ich. „Sie Tierquäler! Ein nichtsahnendes, schlafendes Tierbaby in den Bauch zu treten!"

Plötzlich packte er meine Handgelenke. Wie ein Schraubstock hielt er sie fest. Ich versuchte, meine Hände aus seinen kalten Fingern zu winden, aber er ließ nicht locker. „So, Süße", er grinste schmierig, „mir scheint, die Lage hat sich ein bißchen geändert!"

„O nein!" zischte ich zurück. „Wenn Sie die Pferde noch einmal anfassen, zeige ich Sie an!"

Mit offenem Mund starrte der Besoffene mich an und gab mir eine Ohrfeige. Da reichte es mir vollends. Mit aller Kraft trat ich ihm gegen sein Schienbein.

Offensichtlich hatte ich gut getroffen, denn er zuckte zurück und ließ meine Hände los. Ich stellte mich neben Midi und beruhigte sie. Der Lärm, den der Betrunkene verursacht hatte, regte sie auf.

Der Dünne starrte mich wütend an. „Na warte, du Giftschlange!" sagte er und bemühte sich, seiner Stimme einen gefährlichen Klang zu geben. Dabei klang sie nur schmerzverzerrt. Rache ist Blutwurst! Er trat drohend einen Schritt auf mich zu.

„Noch einen Schritt, und ich lasse das Pferd auf Sie losgehen!" warnte ich ihn.

Damit erntete ich nur spöttisches Gelächter. „Dumme Gans! Das Vieh da ist ja bloß ein harmloses Pony, glaub doch nicht, daß ich vor dem Angst hätte!"

Er hatte leider recht. Midi ist viel zu lieb und gutmütig. Sie betrachtete ihn mit schiefgelegtem Kopf, aber Angreifen und

Beißen liegt ihr nicht.

In diesem Moment kam mir unerwarteterweise Midi doch zu Hilfe. Sie stand nämlich so neben ihm, daß sie einen heraushängenden Hemdzipfel entdeckte.

Für Stoff-Fetzen hatte sie schon immer eine unerklärliche Vorliebe. Sie packte den Zipfel des karierten Stoffs und riß übermütig daran. Der Dünne schrie auf, drehte sich um und verlor das Gleichgewicht. Als er auf dem Bauch lag, trat Midi neugierig an ihn heran. Sie faßte den interessanten Hemdfetzen mit ihren großen, gelben Pferdezähnen. Während sie ihn vergnügt beutelte, bekam der Mann Angst. „Die Bestie bringt mich um!" Seine schrille Stimme überschlug sich. Midi nahm das Geschrei anscheinend für Beifallsrufe und riß zufrieden weiter am Hemdzipfel.

„Aber nein", sagte ich, „sie ist doch nur ein harmloses Pony!"

Wer zuletzt lacht, hat's besser, dachte ich und grinste. Er knirschte mit den Zähnen.

„Wenn ich der Stute sage, daß sie loslassen soll, dann wird sie es tun", sagte ich zu dem Mann und klopfte Midi den Hals. „Möglich, daß ich es ihr sage. Aber dann verschwinden Sie sofort!"

Er hatte keine Ahnung von Pferden und wußte also nicht, daß nur vom Menschen verdorbene Tiere Leuten bewußt etwas antun.

Er wand sich und zappelte in Midis festem Griff. Als er versuchte, sich umzudrehen, damit er sich wehren konnte, packte sie fester zu und bekam auch etwas Haut des Mannes zwischen die Zähne.

Wie lächerlich nahm sich dieser Säufer zwischen Midis Zähnen aus! Die gute Midi, sie jagte dem Kerl einen gehörigen Schrecken ein, obwohl sie, harmlos wie sie in Wahrheit ist, gar nicht vorhatte, ihm etwas zu tun.

„Ich geh ja schon! Nimm das Pferd weg!" jaulte der Betrunkene.

Ich lockte Midi mit einer Mohrrübe, und sie ließ los.

Während der Kerl auf dem Boden herumkroch und seine Brille suchte, näherte sich Filou dem Ort des Geschehens. Er war durch den Krach neugierig geworden, senkte jetzt den Kopf und schnupperte am Opfer seiner Mutter. Dann schnaubte er kräftig.

Midi beroch den herumkriechenden Kerl, schüttelte die Mähne und suchte wieder nach dem Hemdzipfel. Das Spiel damit hatte ihr offensichtlich Spaß gemacht.

„Laß gut sein, Midi", sagte ich und streichelte sie. Meine Retterin stupste mich mit ihren Nüstern an und ging wieder auf die kleine Wiese, um zu grasen.

Der Dünne sprang auf, sobald er seine Brille wiedergefunden hatte. Sein Spurt zum Auto war olympiareif.

„Das wirst du büßen!" schrie er, warf sich auf den Fahrersitz und gab Gas. In der nächsten Sekunde war er um die Ecke verschwunden.

Seine Drohung war lächerlich, nachdem er so jämmerlich gezappelt hatte. Ich habe ihn auch nicht wiedergesehen. Gott sei Dank.

Als ich ihm nachsah, tauchte neben mir plötzlich ein Feldgendarm auf. Er grüßte höflich und erkundigte sich, ob der Fahrer des grauen Wagens uns belästigt habe.

„Nicht weiter schlimm", sagte ich und konnte mir ein Lächeln nicht verbeißen. Midi hatte ihn ja erfolgreich in die Flucht geschlagen.

„Ich habe die letzte Szene von weitem gesehen", sagte der Feldhüter grinsend, „war das Angriff oder Notwehr?"

„Letzteres. Er wollte mir meine Pferde wegnehmen."

„Ja dann! Ihre Stute ist ein kluges Tier. Der Mann mit dem grauen Auto ist aus dem nächsten Dorf. Wenn er nüchtern ist, benimmt er sich ganz normal, aber sobald er etwas getrunken hat, ist er nicht mehr zurechnungsfähig. Ein richtiges Verbrechen hat er jedoch noch nicht begangen."

Der Feldgendarm fuhr Filou mit der Hand über den Rücken.

„Es sind schöne Tiere. Ich würde mich freuen, wenn Sie meine Familie und mich besuchen würden. Wir haben genug Platz, und Sie könnten im Gastzimmer übernachten. Ich habe von Ihrem Ritt in der Zeitung gelesen!"

Wenn ich nur immer so leicht einen Platz für die Nacht finden würde! Leider mußte ich absagen, denn wir waren erst drei Kilometer gelaufen. Wenn wir dieses Tempo einhalten würden, wären wir in drei Jahren in Genf. Während ich Midi sattelte und Filou ans Halfter nahm, versteckte sich die Sonne hinter den Wolken, und eine leise Brise erhob sich. Langsam aber sicher steigerte sich das laue Lüftchen zu einem kräftigen Wind. Er raschelte im Gras und wirbelte das Laub der Bäume davon.

Der Feldgendarm, der bereits fortgegangen war, kam zurück und sagte: „Keine Widerrede, Sie kommen mit! Es wird einen Sturm geben, sehen Sie sich den Himmel an."

Am Horizont verdunkelte sich der Himmel, allmählich türmte sich ein wahres Gebirge aus schwarzen Wolken auf. Als ich dem Gendarmen zu seinem Schuppen folgte, sauste uns der Wind um die Ohren. Es fing an zu tröpfeln, in der Ferne grollte der Donner.

„Danke!" seufzte ich, als wir in die Scheune gingen. Zum Glück ein Dach überm Kopf! Der Wind heulte in den Fugen der Bretterwände. Ich nahm den Pferden den lästigen Lederkram von Kopf und Rücken, und sie durften in dem Schuppen herumstrolchen, sich hier und da ein Maulvoll Heu zupfen und... zufrieden sein.

Als ich zu dem kleinen Fenster hinausblickte, sahen die schwarzen Wolken ziemlich bedrohlich aus. Sie hatten jetzt einen gelben Rand und kamen näher.

„Hagel", sagte der Gendarm und wies auf den gelben Rand des Wolkenbergs. „Sturm und Hagel, das gibt ein Wetter!"

Er wollte, daß ich zu seiner Familie ins Haus ging, aber mir war es lieber, bei den Pferden zu bleiben.

„Na schön, dann machen Sie sich's gemütlich." Er nickte mir zu und verschwand. Der Wind riß ihm die Tür aus der Hand und schlug sie heftig hinter ihm zu.

Große Regentropfen klatschten gegen das Fenster. Draußen wirbelte der Sturm alles umher, was ihm in die Finger kam. Eine Zeitlang beobachtete ich einen Papierfetzen, der hochflog, sich umdrehte, zurückfiel, wieder hochgeblasen wurde, herumwirbelte und schließlich von einer Bö davongetragen wurde.

Aus dem Haus neben dem Schuppen lief ein kleiner Junge. Er hatte schwarze Haare und mochte etwa sechs Jahre alt sein. Der Wind blies ihn fast um, bevor er in den Stall flitzen und die Tür hinter sich zuschlagen konnte.

Als er die Pferde sah, bekam er große Augen und lief zu Filou, um ihn zu streicheln. Er strich mit der Hand über das wollige Fell und murmelte: „Que tu es beau, mon petit poulain" – Wie schön du bist, kleines Fohlen! Dann fiel ihm etwas anderes ein: „Bonjour, Mademoiselle", wandte er sich an mich, „ich soll Ihnen das hier bringen."

Ich bedankte mich für das Kuchenstück, aber er hörte mir nicht zu. Er stand hingerissen vor der Schimmelstute und streichelte sie.

Auf einmal lief er zu einer Leiter, kletterte hinauf und warf zwei Armvoll Heu herunter.

„Danke, das reicht."

„Ja? Freut sich dein Pferd, wenn ich ihm Heu gebe?"

„Sicher. Komm her, und sieh dir's an."

Der Junge sah glücklich aus, als sich Midi über das Futter hermachte. Filou zuckelte auf den Heuberg zu und zupfte einen Halm heraus. Er kaute nachdenklich darauf herum, überlegte es sich dann anders und spuckte ihn aus. Die Milch, die er sich danach holte, war eben immer noch das allerbeste.

Plötzlich knallte es. Wir vier erschraken. Die Ursache des Knalls war eine riesige Hagelschloße, die gegen die Scheibe geflogen war. Es folgten noch mehr dieser überdimensionalen Biester. Ich hatte noch nie so große Hagelkörner gesehen. Sie klatschten und knallten dauernd gegen das Fenster, so daß wir Angst um die Scheibe bekamen. Würde sie diesen Trommelwirbel aushalten?

Der Himmel war tiefschwarz, nur am Horizont leuchtete der unheimlich gelbe Streifen.

Midi hatte beim ersten Krachen angstvoll gewiehert; ihr Fohlen war schnurstracks zu ihr gerannt, um unter ihrem Bauch Schutz zu suchen. Als ihr die Geräusche nichts antaten, beruhigte sich Midi und leckte ihrem Hengstfohlen das Fell.

Der Kleine hielt bei der Schönheitspflege nicht lange still. Bald erregten die Schläge gegen das Fenster seine Neugierde. Er stellte sich vor das Glas, reckte die Nase hoch und betrachtete den Hagel erstaunt. Als seine Nüstern die Scheibe berührten, schien es ihn zu wundern, daß das Glas bei jedem Knall vibrierte.

Der Junge und ich preßten unsere Nasen wie Filou gegen das Fenster und starrten hinaus. Das Unwetter tobte weiter und schien nicht die Absicht zu haben, aufzuhören.

Die harten Körner rissen Blätter von den Bäumen, der Sturm blies das heruntertaumelnde Laub weiter und wirbelte es durcheinander. Auf der Straße lag ein grün-weißer Belag aus Hagel und Blättern.

Dann fing es an zu blitzen und zu donnern. Der Junge zuckte bei jedem Donnerschlag zusammen. Als ein zackiger, greller Blitz durch die schwarzen Wolken fuhr, sagte er mit zitternden Lippen: „Wir wohnen hier seit vielen Jahren. So schlimm war es noch nie." Er hatte schreckliche Angst. Das hätte er aber nicht zugegeben.

„Eben sorgten wir uns noch wegen eines Mannes mit einem grauen Auto, und jetzt hocken wir hier in der Scheune und sehen Blitz und Hagelsturm zu", sagte ich leise zu Midi.

Ganz sachte, ganz langsam lichtete sich das Dunkel der Wolken. Es schien Stunden zu dauern, bevor das Gewitter abzog. Der Hagel hatte aufgehört, es regnete nur noch leise. Das ruhige Plätschern war eine Wohltat nach dem harten Geprassel.

Das Fenster hatte den Sturm heil überstanden, aber auf der

Wiese neben der Scheune hatte sich allerhand angesammelt: Papiertüten, ein paar zerbrochene Ziegel, Äste und Zweige, leere Säcke und ein verschimmelter Strumpf.

Aus dem Wohnhaus kam eine schlanke Frau heraus, lief durch den warmen sanften Regen über den Hof und riß die Scheunentür auf. Ein kühler, erfrischender Luftstrom kam mit ihr herein.

Sie umarmte den Jungen und nannte ihn „chéri". Sie hatte sich Sorgen gemacht. Er ließ sich das zuerst gefallen, aber dann sah er sich nach mir um und zögerte. Ich lächelte ihn freundschaftlich an, trotzdem machte er sich aus den Armen seiner Mutter frei.

Laß die Kindereien, schließlich bin ich ein erwachsener Mann! drückte seine Geste aus. Die Mutter verstand.

„C'est Kristin, mon amie", sagte er. Ich fühlte mich geehrt, weil er mich als seine Freundin bezeichnete. Er warf mir einen kurzen Blick zu: Du hast doch nichts dagegen? Ein Augenzwinkern sagte ihm: natürlich nicht.

Der Strubbelkopf legte seine Hand auf Filous runde Babystirn und erklärte: „Maman, das ist Filou, das Fohlen. Das weiße Pferd heißt Midi und ist seine maman."

„Er ist goldig!" Seine Mutter streichelte das Fohlen und tätschelte Midis Hals. Ihr Sohn begann ihr zu erzählen und redete schnell drauflos.

Ich öffnete die Tür, die dabei laut knarrte, und trat ins Freie. Der Regen hatte aufgehört. Die Luft war kräftig gewürzt, sie roch und schmeckte nach Wald, Erde und Gras. In den Bäumen rings um das Haus krabbelten die ersten Vögel wieder aus ihrem Unterschlupf. Sie begannen, zuerst probeweise und zögernd, ein paar Töne zu zwitschern. Die nachbarliche Unterstützung ermutigte sie, und auf einmal trällerten und piepsten sie alle. Es war, als sei die Welt nach dem Gewitter wieder erwacht.

Als ich zurück in die Scheune ging, um Midi zu holen, sagte die Frau: „Sie bleiben doch sicher noch eine Weile?"

Ich war sehr froh gewesen, bei ihnen unterstehen zu dürfen,

aber jetzt hatte ich vor, weiterzureiten und ihnen nicht länger zur Last zu fallen. Wir sagten uns auf Wiedersehen, ich bestellte Grüße an den Gendarm und bedankte mich für den Kuchen. Der Junge winkte mit beiden Händen, als wir davonritten.

Klein-Filou gefiel die würzige Luft. Ohne auf die Nässe des Bodens zu achten, tobte er ausgelassen über die Wiesen. Midi war einem Galopp auch nicht abgeneigt. Aus purem Übermut buckelte und hüpfte sie beim Rennen. Ich ließ sie tun, was sie wollte. So brachten wir die nächsten Kilometer durch Sprünge und Übermut hinter uns.

Vor dem nächsten Ort rief ich Midi zur Ordnung. Sie hörte auf, mit gesenktem Kopf herumzuflitzen und trug mich hufeklappernd durch die Straßen. Die Leute guckten und fragten wie überall: Woher, wohin? Und riefen: Wie schön! Kinder lehnten sich lachend und rufend zum Fenster hinaus, und der Sturm war schon beinahe vergessen.

Drei Stunden später hieß es dann wieder einmal: Wo sollen wir schlafen? Wir hatten eine gute Strecke hinter uns gebracht und waren müde.

Eine alte Frau, die einen Karren voller Holz für den Ofen zog, erklärte mir, es seien noch etwa zehn Kilometer bis zur Grenze. Ich hätte sie fast umarmt vor Freude. Den schweren Karren zog ich bis zu ihrem Haus; wenn ich nämlich nicht irgend jemandem einen Gefallen hätte tun können, wäre ich komplett übergeschnappt.

Kräuter-Resli – natürlich nannte ich sie nur bei mir so, weil ich mir die Märchenfrau so vorstelle; die Alte hätte mich nicht verstanden – bedauerte sehr, daß sie keinen Platz für uns hatte. Sie sagte mir aber, ihr Schwiegersohn wohne in der Nähe, der habe Platz genug.

Während ich dort hintrabte, wirbelte in meinem Kopf alles durcheinander. Zehn Kilometer! Das ist ein Nichts im Gegensatz zu 360 Kilometern!

Der Schwiegersohn der alten Frau war ein Mensch von ungeheuren Ausmaßen. Beim Begrüßen zerquetschte er mir fast die Hand, sagte zu allem „Ach, wie nett" und „Aber selbstverständlich" und erlaubte mir, seine Wiese für die Pferde zu benutzen und in einem ehemaligen Hundezwinger zu schlafen. Seine Frau, jung und hübsch, kochte mir ein deftiges Mittagessen.

Nachdem Midi und Filou versorgt waren, ging ich in den Zwinger und sah mich um. An den Boxen hingen noch Namensschilder: Arco, Ninette, Pimpernelle. Zuerst wollte ich in so einem Stand schlafen, aber dann fand ich noch einen kleinen, sauberen Raum, wo früher wahrscheinlich der Hundepfleger gewohnt hatte. Dort breitete ich meine Decke aus. Der Griff nach Sattelzeug und Halftern geht bei mir automatisch.

Midi und Filou gefiel die große Weide, obwohl nirgends ein Loch im Zaun war, das nächtliche Ausflüge erlaubte. Darauf hatte ich aufgepaßt. Durch Schaden wird auch das dümmste Hänschen ein bißchen klüger.

Nachmittags habe ich auf der Wiese gesessen und dieses Geschreibsel hier aufgeschrieben.

Draußen zupft Midi Gras, ich höre Malmgeräusche und ab und zu ein leises, zufriedenes Schnauben.

Ich liege hier in die Lammwolldecke eingerollt, den Sombrero unterm Kopf und bin so müde.

Nachdem ich mir hiermit die Finger erfolgreich wundgeschrieben und den Bleistift fast ganz abgenutzt habe, mach ich endlich Schluß. Gute Nacht et bonne nuit.

An der Schweizer Grenze, den 19. August

Die liebe Midi versteht mich heute früh gar nicht mehr. Wie hätte ich ihr auch erklären können, daß ich vor Freude am liebsten in die Luft springen würde oder sonst irgendwelchen Blödsinn anstel-

9 9944-10

len! Noch zehn Kilometer und wir sind zu Hause! Na ja, wenigstens in der Schweiz.

Mit fliegenden Fingern sattele ich Midi und lege ihr die Packtaschen über.

„Mademoiselle", unterbricht mich die Stimme des Hausherrn, „wollen Sie nicht vorher frühstücken?"

Herrje, ich habe ja noch nichts gegessen! Sattel wieder runter. Midi sieht mich nachsichtig an: Vorher warst du doch noch ganz normal!

Ich stopfe mir schnell eine Brotschnitte in den Mund und stürze den Kaffee hinunter. Nichts wie weg! Heute hab ich's plötzlich eilig. Tausendmal danke, sehr nett, sehr erfreut, Grüße an ‚Kräuter-Resli'. Rein in den Stall! Midi hat viel Geduld mit mir, aber nach einer Weile hastigen Herumgefingers stößt sie mich grob zur Seite.

Hast ja recht, Süße, Liebe, bin ja schon brav, bestimmt!

Decke glatt? Ja.

Sattel drauf. So recht?

Zustimmung.

Packtaschen festzurren, Kopfstück umgeschnallt; Midi ist fertig. Ich streife Filou das Halfter über und knote den Strick am Sattel fest. Endlich fertig! Zweiter Abschied von den Gastgebern. Adieu und merci!

Jetzt, da ich die Grenze erreicht habe, kann ich über meine nervöse Hast vorhin nur noch lachen. Hier in St. Julien am Schlagbaum stehe ich nämlich und warte... warte... höre überhaupt nicht auf zu warten. Darauf zu warten, daß ich endlich über die Grenze gelassen werde. Leider habe ich kein Gesundheitsattest für Midi. Alles, was ich an Papieren vorweisen kann, sind mein Reisepaß und Frédérics Testament. Das wird dem Beamten, fürchte ich, nicht genügen.

Vor mir steht eine lange Schlange von Leuten, die alle über die Grenze wollen. Verflixt noch mal, können die sich nicht beeilen?

Der Zollbeamte scheint schlechte Laune zu haben. Jede Kühlerhaube und jeden Kofferraumdeckel läßt er aufmachen und prüft mit mißmutigem Gesicht den Inhalt. Ob er zu Hause Krach hat, daß er so schlechter Stimmung ist?

Midi und unser Söhnchen stehen draußen und grasen auf einem Wiesenstück. Der Sohn eines Beamten paßt auf sie auf.

Und ich warte immer noch.

Auf einmal ist lautes Wiehern zu hören. Das ist Midi! Als ich zu ihr hinlaufe, folgen mir ein Zollbeamter und viele Blicke.

Der Junge guckt mich von unten herauf schuldbewußt an. „Es ist gar nichts los“, sagt er, „das Pferd langweilt sich nur, hüpft unruhig herum und hat nach Ihnen gerufen.“

Der Beamte sieht erstaunt aus. Dann besinnt er sich auf seine Pflichten. „Was macht das Pferd hier?“

Ich sehe Midi an, sie schaut zurück. Dann senkt sie gleichmütig den Kopf und zupft gelangweilt am Gras.

„Es frißt.“

„Das sehe ich“, faucht der Beamte.

Ich werfe ihm einen langen Blick durch die Wimpern zu. Manchmal hilft das, hier nicht.

„Ich möchte das Pferd nach Hause bringen.“

„Aha!“

„Ich wohne in Genf! Das Pferd habe ich aus der Camargue.“

Der Beamte kneift die Augen zusammen. „Ist ja ganz schön... Papiere?“

Amtsschimmel sind nicht so leicht zu beruhigen wie richtige. Ich reiche ihm mit Armsündermiene meinen Reisepaß.

„Daß Sie Sie selbst sind, glaube ich ja. Aber das Tier braucht einen Gesundheitsnachweis, ein Attest.“

Ja, aber wenn ich keins besitze? „Ich habe die Pferde in Arles geerbt. Dann sind wir durch ganz Südfrankreich geritten. Es ist kein Kinderspiel, 360 Kilometer zu reiten und sich durchzuschlagen. Jetzt wollen wir heim, sonst nichts. Wir sind keine Schmuggler oder Spione, das kann ich beschwören!"

Jetzt grinst er wenigstens.

„Ich glaube Ihnen ja, aber es ist wirklich ein Attest erforderlich! Wer ist verantwortlich, wenn Ihr Pferd aus den Sümpfen der Camargue einen Bazillus einschleppt?"

„Natürlich, aber meine Stute ist pumperlgesund, das sieht man doch. Um hier herzukommen, haben wir fast drei Wochen gebraucht; und jetzt kommen Sie und sagen: Bleibt mal hübsch da, wo ihr seid!"

„Nun, stellen Sie Ihr Tier doch hier unter und holen dann einen Tierarzt. Es wird ein paar Tage dauern, bis alles abgestempelt und in Ordnung ist, aber dann können Sie passieren."

Ich will aber nicht länger warten! Der soll sein himmelblaues Wunder erleben. Wenn er uns zwingt... dann gehen wir eben schwarz über die Grenze, in der Nacht.

Die Urlauber, die am Schlagbaum warten, haben die Szene beobachtet. Manche rufen mir Ermunterungen zu.

„Sia, Herr Zöllner, lassen S' doch das Madli gehn, so gfährlig siaht's net drein! Ös Roß is aa pumperlgsund!" ruft ein Österreicher.

„Fräulein, nur nicht den Mut verlieren. Wenn sie hübsch lächeln, kommen Sie ganz sicher rüber. Da kann der Herr Zöllner nicht ‚nein' sagen!"

Der Zollmensch zuckt die Achseln und schüttelt den Kopf.

„Schönen Dank für den Tip, aber ich muß es wohl so machen, wie die Behörde es will", antworte ich dem jungen Ehepaar im Sportwagen.

Der Beamte sieht erleichtert aus. Es ist halt schwer, Mädchen und Pferde abzuwimmeln.

Ich mache mich mit Midi und Filou auf den Weg. Vielleicht gibt es irgendwo ein Stück Wiese, wo ich bis Mitternacht warten kann. Zuerst sieht das hoffnungslos aus. St. Julien ist eine Wolkenkratzerstadt, überall Blocks. Also erst einmal raus aus dem Hauptverkehr.

„Hallo!" ertönt eine fröhliche Stimme hinter mir. „So sieht man sich wieder!"

Das kann ja nicht mir gelten! Aber trotzdem, umgucken kostet nichts.

„Ja, grüezi, was machen Sie denn hier?"

Es galt doch mir! Das hallorufende Wesen ist Pitt, der Junge vom Lac du Bourget.

Er grinst vergnügt. „Seh ich da ein Schimmelroß und denke gleich: Ist das nicht Midi?" Er klopft ihr den Hals. „Filou ist auch noch der Alte. Na, und du? Was gibt's denn? Siehst ja ganz bedrückt drein!" Er lacht. „Na, schieß los. Pitt weiß sicher Rat!"

Rat, das ist genau das, was ich brauche. Als ich das sage, nickt er. „Also, was stimmt nicht?"

Ich erkläre möglichst kurzgefaßt unsere Lage.

„Gesundheitsattest? Midi ist doch völlig in Ordnung. Na ja, die müssen sich natürlich an ihre Vorschriften halten. Aber laß mal, das kriegen wir schon hin!"

„Und was führt dich her?"

„Meine Ferien am Lac sind zu Ende. Hier in der Nähe hole ich meine Schwester ab, die hat bei meiner Tante die Ferien verbracht."

Plötzlich sieht er mich an. „Ich hab's. Nicht weit von hier kenne ich eine kleine Hütte, auf einer Wiese. Dort kannst du mit den Tieren bleiben, bis es dunkel ist. Ich kenn mich hier aus, weil ich früher oft bei meiner Tante war. Wenn es dann so dunkel ist, daß man uns nicht mehr sehen kann, wickeln wir Midis Hufe in Lumpen und hopsen über die Grenze. Das geht klar!"

Pitt scheint das Ganze für einen Spaß zu halten, den er so im Vorbeigehen mitbekommt. Für mich ist es ernster.

Ich schnaube mißtrauisch. „Ich *muß* die beiden rüberkriegen, hörst du?" Um Eindruck zu machen, füge ich hinzu: „Wenn es schiefgeht, sterbe ich. Von den beiden trenne ich mich nicht. Und muß Strafe bezahlen, vermutlich."

„Das Sterben müssen wir natürlich verhindern!" Er nimmt Filou und führt ihn vor mir her. Immerhin kann er mit Tieren umgehen. Midis Sohn folgt nicht jedem.

Wir gehen über eine Straße, eine Wiese, einen Pfad entlang. Zwischen Gestrüpp und Bäumen liegt dort eine kleine Hütte. Von der Straße aus ist sie nicht zu sehen, aber für die beiden Pferde gerade groß genug.

Pitt ist zufrieden. „Na, was sagst du dazu?"

„Bin hin- und hergerissen. Großes Lob!"

„Du kannst auf dem kleinen Dachboden liegen. Für dich und das Sattelzeug ist Platz genug."

Ich begebe mich auf Erkundungsreise und sehe, daß er recht hat.

„Gib mir bitte den Sattel rauf!"

Er reicht ihn hoch.

„Satteltaschen jetzt." Sie werden in die hintere Ecke gestopft. „Die Halfter, bitteschön!"

„Soll ich dann auch die Pferde hochreichen?"

„Du kannst es ja versuchen." Aber er verzichtet.

Als ich herunterkomme, stehen die Pferde ruhig da.

„Gibt es hier so etwas wie Heu?"

Er schüttelt den Kopf. Ich flitze zur Tür hinaus und stürze mich auf die spärlichen Grasbüschel. Pitt bleibt beim Anblick von so offensichtlichem Irrsinn der Mund offenstehen.

Ich bringe Midi einen Armvoll Gras, damit sie ruhig bleibt.

„Ich komme gegen eins her und klopfe, dann kann die Sache steigen."

„Okay. Bis dann!"

Ich verziehe mich auf den Dachboden, der nur einige Quadratmeter groß ist. Um eins also. Mitten in der Nacht wird man leise Schritte hören, ein dumpfes Wiehern vielleicht, leises Rascheln, vier Schatten, und dann wird der Spuk vorbei sein. Hoffentlich hört kein Zollbeamter darauf. Meine Phantasie schlägt Purzelbäume. Das ist das sicherste Zeichen dafür, daß ich schlafen sollte.

Bonne nuit, Midi, Filou, ich drücke uns die Daumen.

In der Nähe von Genf, den 20. August

Etwas knallte gegen die Holztür. Erschrocken fuhr ich hoch. Was war das? Dann erinnerte ich mich. Es mußte Pitt sein.

Ich legte meinen Kram zurecht und kletterte die Stiege hinunter. Die Tür knarrte laut, als ich sie einen Spalt öffnete.

„Pitt, bist du's?"

„Nein, ich bin der Weihnachtsmann!"

„Dann ist es ja gut. Komm rein."

Unsere Augen gewöhnten sich langsam an das Dunkel, und wir erkannten die Silhouetten der Pferde.

Ich holte meine Sachen vom Dachboden.

Als ich wieder herunterkam, stand Pitt da, so ernst, wie ich ihn bisher noch nicht gesehen hatte.

„Kristin", sagte er, „ich hab's mir überlegt... wir können das nicht machen. So ‚Räuber und Soldaten' spielen... wie Diebe in der Nacht... stell dir mal vor, wenn wir geschnappt werden... was willst du dann deinen Eltern erzählen?"

Wahrhaftig, vor lauter Wut und Enttäuschung wollten mir schon die Tränen kommen. Dabei war irgendwo tief innen in mir ein anderes Gefühl, das Pitt recht gab.

Pitt sagte ganz ruhig: „Hör mir mal gut zu. Ganz abgesehen davon, ob wir geschnappt werden oder nicht – Schmuggel bleibt Schmuggel, und ob einer Heroin, Zigaretten oder Schnaps schmuggelt, oder wir deine Pferde, das macht keinen Unterschied. Bitte Kristin, sei vernünftig!"

„Vernünftig! Vernünftig! Und was wird aus Midi? Und Filou?" Jetzt liefen mir tatsächlich die Tränen über die Backen.

„Tut mir leid, Kristin, ich habe es falsch herum angefangen. Ich habe nämlich einen anderen Plan, das hätte ich natürlich gleich sagen sollen. Also..."

Flüsternd setzte er mir auseinander, was er sich ausgedacht hatte: Seine Tante wohnt ganz nahe hinter der Grenze. Dorthin wolle er mich jetzt mitnehmen, damit ich in einem richtigen Bett schlafen könne. Midi und Filou seien hier für die Nacht gut aufgehoben. Seine Tante kenne in der Gegend alle Leute und könne mir sicher helfen. Bisher hätte er ihr noch nichts gesagt, weil er ja nicht gewußt hätte, ob ich einverstanden wäre...

Das war ein dünner Strohhalm. Aber was blieb mir anderes übrig, als mich daran zu klammern?

„Meinetwegen..." war alles, was ich antwortete, und es sollte möglichst unfreundlich klingen. Dabei war ich in Wirklichkeit sehr erleichtert, daß aus der Schmuggelgeschichte nichts werden sollte.

„Na, dann putz dir die Nase und wisch die Tränen ab, damit der Grenzbeamte nicht mißtrauisch wird, wenn wir da in stockdunkler Nacht aufkreuzen. Komm, schnell."

Mir blutete das Herz, als ich daran dachte, daß Midi und Filou allein bleiben sollten, wenn es auch nur für ein paar Stunden war. Schnell noch einmal nachsehen, ob sie auch gut angebunden sind.

Minuten später sind wir an der Grenze. Der französische Beamte scheint Pitt zu kennen, er winkt nur mit der Hand, daß wir weitergehen können. Der Schweizer ist ein bißchen mißtrauisch – kein Wunder, wenn da gegen zwei Uhr in der Nacht zwei Fußwanderer daherkommen, die in seinen Augen wahrscheinlich halbe Kinder sind. Er prüft unsere Papiere genau, schaut erst Pitt an, dann mich, stumm, fragt dann, ob wir was zu verzollen hätten. Endlich gibt er uns die Ausweise zurück. Wir können passieren.

Nach zehn Minuten erreichten wir einen kleineren Hof. Pitt klopfte an die Holztür. Eine Frau steckte ihren Kopf zum Fenster heraus.

„Wer reißet mich zu später Stunde aus dem Schlaf? Er komme, auf daß ich ihn zerreiße und verspeise!"

Das mußte eine lustige Frau sein!

„Es harret deiner der liebe Neffe, Tante Hella", ahmte Pitt ihre Redeweise nach.

„Peter! Ich wollte sagen: Pitt! Wo kommst du her?"

„Ich bin's höchstpersönlich! Es ist noch jemand bei mir, der sich auf ein warmes Bett freut."

„Wie bitte? Warte, ich komme runter, Herr Sonntag!"

Ich stutzte. Es paßte alles genau: Meine Freundin Babsi, mit vollem Namen Barbara Sonntag, die an der Grenze Ferien mit dem Pferd ihres Bruders machen wollte (siehe 29. Juli, da hab ich's in meinem Tagebuch aufgeschrieben); Peter Sonntag, der seine Schwester von ihrem Ferienort abholen sollte...

„Sag mal, hast du eine Schwester?"

„Ja, zu meinem Unglück. Babs heißt die Kreatur..."

„... und ist dunkelhaarig, grünäugig, frechschnäuzig und fünfzehn Jahre alt."

Jetzt guckte Pitt dumm. Er kann ja auch nicht wissen, daß Babsi in die gleiche Schulklasse geht wie ich. Seit ich in Genf bin, ist sie meine beste Freundin. Wir hatten auch zusammen Reitstunden genommen. Ihren Bruder hatte ich nicht kennengelernt, weil er immer fort war, bei seinem Pferd oder, wenn wir beim Pferd waren, bei seinen Freunden. Babsi und Pitt Sonntag. Wenn das kein Zufall ist! Ausgerechnet, wenn ich fern der Heimat bin, treffe ich Babsis Bruder!

Inzwischen war die Tante bei uns angekommen. Sie dachte nicht daran, uns aufzufressen, sondern ließ sich von Pitt alles kurz erzählen.

„...und da dachte ich, du könntest Kristin vielleicht helfen, Tante Hella?“

War das eine Tante! Sie sah mich von der Seite an, lächelnd: „Du scheinst ja ein Glückspilz zu sein! Soll ich dir was sagen? Den Grenztierarzt kenne ich!“

Weiß der Kuckuck! Da kamen mir doch schon wieder die Tränen. Pitt lachte und sagte: „Ich hab's ja gewußt, man muß nur Tante Hella fragen!“

Also morgen, ganz früh, würde sie den Tierarzt anrufen, und ich sollte mir jetzt weiter keine Sorgen machen.

„Kristin kann in der linken Kammer neben dem Stall schlafen. Zeig ihr noch den Stall bei deinem Fuchs, da kann sie dann ihre Pferde unterstellen, sobald sie hier sind.“

Endlich brachte ich ein paar Worte heraus: „Danke, daß Sie mich nicht rausschmeißen, Frau Sonntag.“

Sie lächelte mir zu und verschwand. Von der Treppe her rief sie: „Und ich dachte, Pitt schläft ruhig in seinem Bett. Wo ihr etwas zu essen findet, wenn ihr Hunger habt, weißt du ja, Pitt.“

Er nickte und zeigte mir dann den großen Stall, vor dem ein Auslauf war. Dort stand ein großer, brauner Wallach und wieherte uns entgegen.

„Grüezi, Olli, wie geht's, alter Junge?“

Ich glaubte, Pitt nicht recht verstanden zu haben.

„*Wie* heißt das Pferd?“

„Oliver. Als Fohlen war er manchmal so tapsig, daß wir ihm den Namen des Dick aus Dick & Doof gaben. Also Oliver Hardy. So nennen wir ihn eben Olli. Du kannst auch Oliver sagen, wenn dir das besser gefällt.“

„Wenn das der Halbblüter ist, von dem du erzählt hast, ist Babs dann etwa hier?“

„Klar“, nickte er, „sie machen hier Ferien, Olli und Babs.“

„Die wird morgen Augen machen“, sagte ich vor mich hin.

Als Pitt mir das kleine Zimmer zeigte, in dem ich schlafen konnte, war ich schon so müde, daß ich, sobald er hinausgegangen war, mich aufs Bett warf und auf der Stelle einschlief.

Das erste, was ich an diesem sonnigen Sommermorgen hörte, war nicht romantischer Vogelgesang, sondern lautes Geschrei.

„Kristin!"

Ich stand schnell auf und wischte mir den Schlaf aus den Augen. Drei Striche mit der Bürste – fertig!

Ich öffnete die Tür und sah meine gute, alte Babsi auf mich zusausen. „Kristin!" schrie sie.

„Achtung, Kris, eine Irre naht!" rief Pitt, der hinter ihr herlief.

Babsi umarmte mich vor Begeisterung.

„Du, das war eine gelungene Überraschung!" rief Babs. „Pitt hat mir alles erzählt, ich kann es noch gar nicht glauben. Sag mal, stimmt das wirklich?"

„Ja", mischte Pitt sich ein, „du kannst deinem entzückenden großen Bruder glauben."

„Es stimmt, Babs", sagte ich.

„Phantastisch", sie seufzte, „und ich war nicht dabei!"

Gut, daß sie eine kleine Atempause machen mußte.

„Pitt", sagte ich deshalb schnell, bevor ihr Redestrom wieder zu fließen begann, „wie soll es jetzt weitergehen? Midi und Filou... ich kann sie nicht länger da draußen allein lassen!"

„Ist alles schon geregelt, reg dich nicht auf! Während du noch selig geschlafen hast, hat der große Pitt schon mit seiner Tante Hella Rat gehalten. Er wird jetzt noch schnell nach seinem eigenen Pferd sehen und dann sein motorisiertes Fahrrad, Mofa genannt, besteigen, um Midi und Filou einen Morgenbesuch abzustatten. Auf dem Gepäckträger des Mofas ist bereits ein Sack mit Heu festgebunden!"

„Ja, und ich?"

„Hör sich das einer an! Das nennt man Dankbarkeit! ‚Und ich?'

fragt sie, während andere Leute ihren Schlaf geopfert haben, um…"

Dabei lachte er mich die ganze Zeit an.

„Ach, Pitt…" Ich schämte mich wirklich. Sogar ans Futter für Midi hatte er gedacht!

„So, Kristin, jetzt mal ernst: Ich bleibe draußen bei deinen Pferden. Punkt acht ruft Tante Hella den Tierarzt an. Du kommst dann gleich zu mir, sobald ihr gehört habt, was der Tierarzt sagt. Und vergiß nicht, deinen Ausweis mitzubringen. Sei nicht zu ungeduldig, Tante Hella ist fast sicher, daß es klappen wird und du noch heute Midi und Filou über die Grenze bringen kannst. Bist du jetzt zufrieden?"

Der Antwort wurde ich enthoben. Tante Hella rief: „In zehn Minuten Frühstück für die Damen – der Mann muß hinaus ins feindliche Leben (Schiller-Zitat; Anmerkung von mir) –, beeilt euch!"

Wir trabten zusammen zum Stall. Pitt sagte seinem Olli guten Morgen, Babs würde später nach ihm sehen.

„Komm mal schnell mit", flüsterte Babs mir zu, „noch eine Überraschung!"

Sie flitzte voraus in den Hintergarten, der als Weide diente. Dort graste ein schönes, schwarzes Pony.

Pitt, der uns gefolgt war, blieb verdutzt stehen. „Wer ist denn das? Hat sich Tante Hella ein Pony gekauft?"

Der Rappe ließ sein seidiges Fell streicheln und spielte aufmerksam mit den Ohren. Sanft nahm er eine Möhre aus meiner Hand.

„Ein hübscher Kerl, gut gebaut!" urteilte Pitt.

Es war ein kräftiger Wallach, etwas kleiner als Midi, mit sehnigen Beinen. Seine Mähne und der Schweif glänzten tiefschwarz, nur auf der Stirn leuchtete eine längliche Blesse.

Babs strahlte vor Stolz, als wir ihn lobten. Sie weidete sich an unserem Staunen und sagte: „Er heißt Sebastian. Ich hatte doch in den Ferien Geburtstag, und da hat mir Tante Hella den Bastian geschenkt. Ist er nicht toll? Ist das nicht mordsnett von ihr? Na, was sagt ihr jetzt?“

Sie hopste aufgeregt herum, streichelte ihr Pony und guckte uns an.

Pitt betrachtete den Rappen eine Weile und sagte dann neidlos: „Viel zu schön für dich. Welsh, ja?“

Babsi nickte. „Ich glaube schon. Ist das nicht wurscht? Ist er nicht schön. He, Pitt, guck nicht so, er ist ein Welsh-Pony, ja, irgend so einer Gruppe gehört er an, jedenfalls reinrassig. Sektion A nicht, das sind ja die Welsh-Mountains, B war's auch nicht, er ist Sektion D, ein Welsh-Cob.“

„Wie alt ist er?“

„Sechs!“ Sie strahlte.

„Du hast's gut“, seufzte ich, „kriegst dein Pferd gleich auf dem Präsentierteller serviert. Ich armes Wurschtl sause erst in eine insektenverseuchte Gegend, erbe ein Pferd und gleich ein Fohlen dazu, schaffe sie mühsam durch ganz Südfrankreich und kann jetzt nur hoffen, daß der Tierarzt freundlich ist und dann... daß meine Eltern mir erlauben, Mutter und Kind zu behalten.“ Ich sah die beiden an. „Aber insgesamt hat es Spaß gemacht, fast alles, nur... Frédérics Tod war schrecklich. So wollte ich eigentlich nicht zu einem Pferd kommen. Jetzt will ich das Beste für Midi und den Kleinen; so, wie er es wollte.“

Babsi schwieg einen Moment, dann sagte sie mit großen Augen: „Weißt du wirklich noch nicht, was deine Eltern dazu sagen werden?“

Ich schüttelte den Kopf. „Nein. Sie wissen es, aber nur schriftlich. Was sie beim Lesen des Briefes gedacht haben? Ich weiß es nicht.“

Babs nickte zuversichtlich. „Du hast doch nette Eltern, die lassen sich sicher leicht überzeugen. Dein Vater ist doch auch Reiter, stimmt's?“

„Ja, das ist wahr.“

„Na also! Der verknallt sich sofort in Midi, wenn doch sogar Pitt von ihr begeistert ist!“

Babsi hat wirklich einen goldenen Optimismus.

„Komm jetzt, wir wollen deine Tante nicht auch noch warten lassen, wenn sie schon das Frühstück gemacht hat. Wäre ja eigentlich unsere Sache gewesen.“

Ich war so durcheinander, daß mir heute das Richtige immer zu spät einfiel.

Immerhin dachte ich gerade noch rechtzeitig daran, mich bei Frau Sonntag dafür zu bedanken, wie sie und Pitt alles für meine Pferde vorbereitet hatten.

Zehn Minuten vor acht... fünf Minuten vor acht... ich hörte nur noch wie durch einen Schleier, was Frau Sonntag und Babs miteinander sprachen.

Irgendwo schlug eine Uhr acht. Mir dröhnte es in den Ohren wie die Posaunen des Jüngsten Gerichts.

Schon war Frau Sonntag am Telefon, wählte die Nummer, mir klopfte das Herz irgendwo, nur nicht da, wo es hingehört.

Trotz meinem frisch aufgebügelten Französisch verstand ich nur ein paar „oui, oui“ und „mais non“ und „cher docteur“. Es schien mir eine Ewigkeit, bis Frau Sonntag den Hörer auflegte.

Ich muß wie ein Angeklagter vor Gericht ausgesehen haben, der das Urteil erwartet. Jedenfalls sagte Frau Sonntag: „Kristin, nun mal Kopf hoch, es wird alles gut werden!“

„Was hat der Arzt gesagt, Tante Hella“, fuhr Babs aufgeregt dazwischen, „sag's doch schon!“

„Wenn du mich zu Wort kommen läßt! Kristin, du sollst um halb zehn mit Midi und Filou an der Grenze sein.“

„Toll!“ schrie Babs und fiel erst ihrer Tante, dann mir um den Hals.

Irgendein Kloß steckte mir in der Kehle, ich brachte kein Wort heraus. Was blieb mir also anderes übrig, als ebenfalls der Tante um den Hals zu fallen?

„Halt, halt“, rief sie lachend, „laßt mich am Leben! Und du, Kristin, lauf jetzt und mach dich fertig, allzuviel Zeit hast du nicht mehr. Und außerdem wartet Pitt auch auf Nachricht.“

Mein meisterschaftswürdiger Langlauf wurde nur durch die Grenzkontrolle unterbrochen. Keuchend kam ich zu der Hütte – ein Bild zum Malen: Pitt lehnte im Schatten an einem Baum, Filou hatte sich daneben niedergelassen, und Midi graste friedlich.

„Du bist ja ganz schön gerannt... tief durchatmen... so ist's gut... noch mal tief durchatmen. So, und wann sollen wir die Pferde Monsieur le docteur vorstellen?“

„Woher weißt du denn?“

„Man braucht dich doch nur anzusehen. Gestern Trauerweide, heute die Siegesgöttin persönlich. Aber...“

„Das Aber brauchst du nicht zu erklären. Deine Tante hat mich schon gewarnt, bis jetzt sei noch gar nichts anderes entschieden, als daß der Doktor selbst sich der Sache annehmen will. Aber wir reden und reden hier. Um halb zehn müssen wir an der Grenze sein!“

Pitt schoß in die Höhe, Filou mit ihm, und als ob ich gepfiffen hätte, kam Midi angetrabt.

Wir machen die beiden fein, so gut es in der Eile geht. Ich sattele Midi. Filou wird an den Sattel gebunden, sicher ist sicher, denn um diese Tageszeit herrscht an der Grenze bestimmt viel Verkehr. Pitt hat sein Mofa bei sich. Er will noch einen Rundgang durch die Hütte machen und dann nachkommen. Ich bin schon unterwegs...

Sobald ich auf die Straße kam und die Zollgebäude vor mir sah, sank mir das Herz. Die 360 Kilometer durch Frankreich schienen mir jetzt ein Kinderspiel gewesen zu sein gegen die paar hundert Meter, die da vor mir lagen.

Aber Midi, strahlend weiß in der Sonne, lief fröhlich voran, und Filou tänzelte geradezu hinterher. Da sagte ich zu mir selbst: He, Kristin!

Pitt kam angefahren: Die Mannschaft zum Sturm auf die Festung war komplett.

Diesmal gab's schon bei den Franzosen einen kleinen Vorgeschmack: Keine Ausfuhrpapiere für die Pferde? – Was? Das auch noch! Gestern hatte mich doch kein Mensch danach gefragt! – Gestern interessiert mich nicht, Mademoiselle... Endlich kann ich den Beamten beruhigen, daß ich die Pferde nicht gestohlen habe. Als ich ihm Frédérics Testament gab, wurde er freundlicher.

Fünf Minuten vor halb zehn stehen wir vor dem Schweizer Posten. Pitt verschwindet im Büro, um uns anzumelden. Kaum ist er wieder da, kommt im Sturmschritt ein großer Mann auf mich zu; schwarzes Haar, schwarzer Bart, gut, daß der wehende Arztkittel wenigstens weiß ist, damit mir nicht ganz schwarz vor Augen wird. Monsieur le docteur.

„Mademoiselle Stein?"

Das gilt mir! „Oui, Monsieur, oui", hauche ich.

„Kommen Sie!" Mit dem Kopf weist er zum Büro.

Wie *die* Viertelstunde vergangen ist, weiß ich jetzt schon nicht mehr. Woher ich die Pferde habe? Wo ich überall Station gemacht habe? Sind die Pferde unterwegs mit anderen Pferden zusammengekommen? Was? Mit der Bahn verladen? Und sonst? In einer verlassenen Hütte? („Schlimm, nicht gut...") Wie lange unterwegs? Drei Wochen? (Über den Schreibtisch kurzer Blick zu mir, und wenn ich richtig gehört habe, brummelte er etwas wie „gute Leistung".) Die Pferde immer gesund? Nichts außer Midis lahmem Fuß von dem Fehltritt?

Wieder sagt er: „Kommen Sie!", stürmt hinaus, mit wehendem, weißem Mantel, ich muß rennen, um ihm nachzukommen.

Im Gegensatz zum Verhör im Büro spielt sich die folgende Szene stumm ab. Midi wird untersucht: Augen, Maul, Nüstern. Jedes Bein wird abgetastet, und so weiter. Midi läßt alles geduldig über sich ergehen und – wahrhaftig! – jetzt gibt der stumme Doktor ihr einen freundschaftlichen Klaps aufs Hinterteil und wendet sich Filou zu. Der ruckt erst mal zur Seite. Aber Pitt hat ihn am Halfter, und ich streichle ihn zur Beruhigung. Wenn er auch ein bißchen zittert, er läßt den Tierarzt jetzt doch an sich heran. Filous Untersuchung ist bald erledigt.

Der Doktor kehrt sich zu mir um – jetzt!

„Es ist gut, Mademoiselle. In einer halben Stunde können Sie am Schalter das Attest holen. Dort bezahlen Sie auch die Gebühren."

Wieder einmal kann ich mich darin üben, ein lautes und verständliches „Dankeschön" zu sagen. Was ich dagegen fertigbringe, ist ein gestottertes, kaum vernehmbares „Merci, Monsieur...", als er schon wieder auf halbem Weg zu seinem Büro ist. Da wendet er sich noch einmal um. Jetzt sieht er mich ganz freundlich an und ruft: „Bonne chance! Viel Glück! Sind prächtige Pferde!" Und schon ist er verschwunden.

Plötzlich war es ganz still um mich, es schien mir wenigstens so. Ich kannte mich selbst nicht mehr.

Ich ging zu Pitt und sagte: „Vielen Dank, Pitt."

„Wofür denn? Die Schlacht hast du gewonnen. Wenn schon Blumen, dann gehören sie meiner Tante."

Eine knappe Stunde später waren wir zu Hause, das heißt im Hause von Frau Sonntag.

Babs geriet völlig aus dem Häuschen, küßte nacheinander ihre Tante und mich, sogar ihren Bruder Pitt und alle vier Pferde.

Auch Frau Sonntag strahlte, und ich erinnerte mich an ihre lustige Redeweise bei unserer ersten Begegnung und versuchte mich in einem Hofknicks. Ich sagte: „Ich danke der gnädigsten Frau gar viel tausendmal und werde bis an meines Lebens Ende dero Huld und Wohltat niemals vergessen!"

„Das vielliebe Fräulein möge sich erheben...", fing Frau Sonntag gerade an, da zischte es in der Küche, und: „Himmel, die Suppe!" unterbrach sie ihre wohlgesetzte Rede und lief zur Küche, wir hinterher.

So endete dieser dramatische Vormittag.

10 9944-10

Beim Mittagessen fragte ich: „Dürfen Midi, Filou und ich noch bis morgen hierbleiben?“

„Ja, selbstverständlich. Ihr werdet ja alle müde sein“, gab Frau Sonntag zur Antwort.

Doch Pitt traf den Nagel besser auf den Kopf. „Wie ich Kristin bisher kenne, hat sie noch was vor. Stimmt's?“

„Ja. Ich will zu Bauer Mößnert, ihr kennt ihn auch, der mit den Kühen und Hühnern. Den will ich um eine bestimmte Weide bitten! Ich muß das einfach tun, noch bevor ich nach Hause gehe. Dann können meine Eltern nichts mehr gegen Midi und Filou sagen.“

„Ich gehe mit“, entschied Babs sofort, „Pitt, gibst du ihr deins?“

Ich verstand böhmische Dörfer.

„Geh, Peterchen, sei ein guter Junge.“

„Na ja, bin ja gar nicht so. Da, fang!“

Babs fing den hingeworfenen Schlüssel auf.

„Komm“, sagte sie zu mir, „Pitts und mein Mofa stehen unten im Schuppen.“

Wir sausten auf den Mofas nach Genf, fuhren durch die Stadt, auf der anderen Seite wieder hinaus, ein Stück am See entlang.

„Stopp“, rief ich dann, „hier sind wir richtig.“

Als nächstes übersprangen wir ein paar Zäune, rannten auf einen Hof und fanden Herrn Mößnert beim Füttern seiner Rinder.

„Grüezi, allemiteinand!“ sagte er und grinste freundlich.

„Grüezi, Herr Mößnert. Wie geht's?“

„Ha, wie's halt so geht; man lebt.“

„Sie mögen Pferde, stimmt's?“ fragte Babs direkt. Als er nickte, fuhr sie fort: „Wir dachten, Sie sind doch unser Freund, und es könnte Sie interessieren, daß wir jetzt Pferde haben!“

Der alte Pferdenarr riß die Augen auf. „Wirklich? Was für welche?“

„Ich habe einen schwarzen Welsh-Wallach, und Kristin hat eine

Camargue-Stute mit Fohlen!“

Seine Augen leuchteten. „Camargue…“, er dachte nach, und ich fing einen vergnügten Blick von Babsi auf, „ja, ist das nicht die Sumpf- und Salzebenenlandschaft, da unten in Südfrankreich?“

„Genau; daher stammt meine Stute.“

„Meine große Wiese, die hinterm Hügel, ist auch sumpfig, wenigstens zum Teil feucht. Der andere Teil ist trocken und voller Gras. Wenn du auf der Wiese dein Pferd einmal grasen lassen willst – mir soll's recht sein!“

Ich holte zum Hauptschlag aus. „Könnte ich die Wiese vielleicht pachten?“

„Ja, viel wert ist sie nicht, hm, ein Bach fließt durch, eine Scheune steht drauf, verkaufen will ich sie nicht.“

„Ich will sie ja nicht kaufen. Nur mieten und meine Pferde unterstellen. Ich zahle Ihnen dafür eine Pachtgebühr.“

„Ums Geld ist es mir nicht“, versicherte der weißhaarige Bauer, „meine Kühe mögen die Weide nicht so sehr, ich hab ja auch noch andere Weiden. In Ordnung, wenn du sie für Pferde willst, soll's nicht an mir liegen.“

Er schlurfte vor uns her ins Haus.

„Machen wir's gleich ab?“ fragte ich und konnte kaum fassen, daß mein Hauptproblem so schnell gelöst sein sollte.

Er nickte und schob mir einen Zettel hin.

„Schreib: Ich, Edwin Mößnert, verpachte die Koppel am Hügel an Kristin Stein, auf ein Jahr zum Preis von zwanzig Schweizer Franken.“

„Das ist zu wenig“, rief ich.

„Nein. Weiter: Genf, den 20. August. Wenn ich die Rößli manchmal besuchen kann, tränken und ansehen, dann bin ich schon zufrieden. Ich brauche die Wiese doch nicht, und dich kenn ich, du bist mir schon recht als Pächterin. Also, schreib!“

Ich schrieb also hin, was er diktiert hatte. Dann kritzelte ich meinen Namen darunter und legte zwanzig Franken darauf. Ich hatte sie noch vom Ritt bei mir. Das Ganze schob ich dem Bauern hin. Er las es und schrieb *Edwin Mößnert* darunter. Und: *Betrag erhalten.*

Dann stand er auf. „Kommt ihr mit? Dann schaun wir uns die Wiese gleich zusammen an."

Klar, das war eine gute Idee. Ich wußte ja nicht, ob der Zaun noch heil war. Wir fuhren mit dem Auto des alten Bauern hin und sahen uns die Wiese an. „Für Pferde ist sie gut!" erklärte Mößnert.

„Klar wie Kloßbrühe", rief Babsi, „Klasse ist die. Guck mal, Tini, da kannst du ein Stück abgrenzen, als Auslauf, auf dem sie dann immer sind, nachts und bei Regen. Um die Scheune herum, wo der Boden am trockensten ist. Dort wird der Boden zertrampelt, aber der ganze riesige Rest bleibt als Weide."

„Stimmt, so sollte ich's machen."

Während Babsi weiterredete, überlegte ich mir ihren Vorschlag. Wenn man Pferde immer auf einer Wiese läßt, wird sie bei Regen und Schnee völlig zertrampelt. Also mußte ein Stück abgetrennt werden. Später, vor dem Winter, könnte der Boden dort geschottert werden, darüber eine dicke Schicht Sand – dann wären Midi und Filou immer im Trockenen. Wenn das Wetter dementsprechend wäre, könnten sie immer noch auf die große Weide, die dahinterlag.

Herr Mößnert tippte mir auf die Schulter. „Wenn du willst, können deine Pferde auch noch andere Wiesen abweiden. Für meine drei Kühe brauche ich nicht viel Heu, und ich habe sehr viele Wiesen. Manche schaffe ich gar nicht mehr. Wenn deine Tiere das Gras fressen, bleibt mir die Mühe erspart."

Es war leichter, als ich es mir vorgestellt hatte. Die Menschen sind eben doch nett, wenigstens die meisten.

Babsi und ich gingen einmal um die Weide herum. Der Zaun war aus stabilen Holzpfosten und drei Reihen von Latten gebaut, zwischen denen Drähte gespannt waren. Diese Umzäunung müßte den Camarguais standhalten.

Die Scheune war mittelgroß und hatte einen schönen Strohboden. Auf einer Leiter an der Holzwand kletterten Babs und ich einen Stock höher, in den Heuboden.

Bauer Mößnert, der unten in der Scheune stand, rief uns zu: „Seid ihr oben? Seht doch mal nach, ob da noch Heu ist. Müßte schon. Ich hatte meine Kühe mal drei Monate hier, da hab ich auch Heu zugefüttert."

Die Hälfte des Heubodens war mit vielen Zentnern Heu vollgestopft. Für Midi und Filou würde die Menge mindestens ein Dreivierteljahr ausreichen!

„Ja, Herr Mößnert, es ist noch viel Heu da. Brauchen Sie es, oder kann ich es Ihnen abkaufen?"

„Ich geb's dir. Keine Angst, meine Preise sind nicht gesalzen."

„Merci vielmals!"

Das Geld, das mir Frédéric vererbt hat, ist zwar heute morgen durch Attest- und Zollgebühren arg zusammengeschmolzen, aber der Rest und meine Ersparnisse werden wohl für Heu und Einstreu des Platzes reichen.

Toll! Es ist zu schön, um wahr zu sein. Der Schuppen hier ist ideal für meine beiden, die sich immer frei bewegen und nicht in engen Ställen angebunden werden sollen. Meiner freiheitsliebenden Midi wird es sicher gefallen.

„Das ist wirklich klasse", sagte Babsi und lachte mich vergnügt an.

Mößnert schritt die Entfernung von einem Zaun quer hinüber zum anderen Teil ab. „Fast hundert Meter", rief er uns zu. „Wenn du den Abgrenzungszaun etwa dort hinsetzt, gibt das einen Auslauf von hundert auf fünfzig Meter. Das reicht."

Bestimmt. Ein halber Hektar! Dazu noch das Doppelte als Weide, Wasser zum Tränken gleich daneben, Platz für Heu in der Scheune... toll!

„Ich hab noch ein paar Pfosten und Latten vom Zaunbau. Draht müßte auch noch da sein", sagte Herr Mößnert langsam.

Ich spitzte die Ohren. Der freundliche Bauer ist tatsächlich ein Engel! „Babsi, dein Bruder ist doch kräftig", sagte er nämlich. Holt ihn her, dann machen wir das rasch fertig."

„Machen wir!" nickte Babsi. Alle waren bereit, mir zu helfen. Das macht sicher Midis Charme.

Es wurde ein heißer Nachmittag, Sonnenschein, blauer Himmel mit Schäfchenwolken... alles wunderbar. Und wir vier schufteten im Schweiße unseres Angesichts.

Vor den Erfolg haben die Götter den Schweiß gesetzt!

Wie wahr das ist, erfuhren wir heute ausgiebig. Um die Abtrennung zwischen Weide und Auslauf zu bauen, brauchten wir den ganzen Nachmittag.

Pitt hatte das Vergnügen, die Pfosten mit einem Vorschlaghammer in den Boden zu schlagen, Herr Mößnert hielt die Pfosten und wechselte sich mit ihm ab. Babsi und ich nagelten die Latten gegen die Pfähle. Die unterste bei etwa fünfzig Zentimeter Pfostenhöhe, die mittlere bei einem Meter und die obere bei anderthalb Meter. Pro Latte zwei Nägel rechts, zwei links.

„Babs, halt doch die Latte fest!" Knall! Wumm!

Nachdem ich mir den Arm halb ausgerenkt hatte und ganz erschöpft war, übernahm Babsi das Nageln, und ich hielt die Latten.

Immerhin lobten die Männer unsere Arbeit, als wir fertig waren. Sie sagten, daß sie uns das gar nicht zugetraut hätten. Wir würdigten dann ihre schwerere Arbeit mit den Pfosten. Dagegen war das Befestigen des Drahts fast ein Kinderspiel. Pitt klemmte sich den Daumen ein, und ich hieb mir fröhlich mit dem Hammer auf die Finger, aber der Draht saß fest. Mit Spannern strafften wir ihn.

Abends war der Zaun fertig. Wir auch.

„Morgen, Kinder, wird's was geben, morgen zieht Midi hier ein", trällerte Babs, aber es klang sehr müde.

In die alte Heuraufe legte ich zwei Armvoll Heu, das Stroh auf dem Scheunenboden wurde aufgeschüttelt; alles war für die Pferde bereit.

Jetzt liege ich auf der Couch und recke meine steifen Glieder.

Ich bin gespannt, was meine Eltern morgen für Gesichter machen werden. Ob sie den Bief von den Legrands schon haben?

Genf, den 21. August

Heute war ein bedeutungsvoller Tag. Schon am frühen Morgen, als ich mich aus der Decke pellte, dachte ich daran, was meine Eltern sagen würden.

Um acht sattelte ich Midi. Babsi und Pitt hatten beschlossen, mich zu begleiten. So ritten wir also mit vier Pferden los. Oliver vorn, Midi mit Filou in der Mitte, Sebastian bildete die Nachhut.

Wir wollten nicht mitten durch Genf reiten, aber ein paar Außenbezirke mußten wir durchqueren. Kinder liefen aus den Häusern und bestaunten unsere Kavalkade. Sie schrien begeistert.

Ich hätte mir am liebsten die Ohren zugehalten, aber das ging nicht, weil Midi nervös wurde. Die vielen Kinder, die uns nachrannten, beunruhigten meine sonst gutmütige Midi. Filou versteckte sich hinter seiner Mutter und riß mir fast das Leitseil aus der Hand.

Midi beruhigte sich nach einiger Zeit, als sie merkte, daß ihr niemand etwas tun wollte.

Nach einem endlos scheinenden Ritt kamen wir bei meinem Zuhause an. Wir wohnen etwas außerhalb von Genf, wir haben einen großen Garten.

Babsi, Pitt und ich saßen hinterm Haus ab, Babsi nahm Midi am Zügel, und ihr Bruder faßte das Fohlen am Halfter.

„Viel Glück“, wünschten sie mir.

Nachdem ich mich zusammengerissen hatte, drückte ich auf

den Klingelknopf und wartete.

Mum öffnete die Tür und trat auf die Schwelle. „Ja, bitte?“ sagte sie und sah mich dann verdutzt an. „Das… ist das… Kristin!“

Als ich mich ihr als gute Tochter an den Hals warf, tauchte Paps neben ihr auf.

„Hallo, Kristin! Bist du braun geworden!“

Nach mehreren Umarmungen und Bussis faßte mich Mum an den Schultern und hielt mich mit ausgestreckten Armen von sich fort, um mich besser betrachten zu können.

„Laß dich anschauen! Du siehst noch ganz lebendig aus!“

„Sag mal“, unterbrach uns Paps, „bist du tatsächlich mit einem Pferd hergekommen? Als wir den Brief von Legrand bekamen, haben wir uns ernsthaft gefragt, ob ihr spinnt. Das sollte doch wohl ein Scherz sein?“

„Na ja…“, stotterte ich, „ei-eigentli-lich nicht!“

„Sondern? Wie kommst du schon so früh her? Wir erwarteten dich erst am 23., wie ausgemacht!“

„Hm, ja, ach, kommt halt mal mit! Ich weiß, es klingt komisch…“

Ich führte sie zu Midi, die ihren hübschen Kopf hob und meine Eltern interessiert beschnupperte. Filou wandte ihnen seine wolligen Ohren zu.

Paps bekam einen halben Herzschlag, als er die vier Pferde sah.

„Nur die Schimmelstute und das Fohlen sind meine“, beruhigte ich ihn, „der Fuchs und der Rappe gehören Babsi und Pitt Sonntag!“ Ich stellte die beiden vor.

Paps gab ihnen die Hand und sah nachdenklich Midi an. Er ging um sie herum und streichelte sie, dann betrachtete er den kleinen Hengst.

„Willst du mir einen Bären aufbinden? Die beiden sollen von Arles bis hierher gelaufen sein? Sie sehen so frisch aus.“

„Es stimmt trotzdem.“

„Keine Gallenschwellungen, keine heißen Gelenke“, murmelte

Paps. „Ich hoffe, du hast sie geschont."

Offensichtlich war er sehr angetan von meinen beiden. Er sah uns immer wieder verblüfft an und murmelte: „So was!"

Mum war realistischer. Während sie mit glücklichem Gesichtsausdruck Filou streichelte, sagte sie nachdenklich: „Midi und Filou gehören dir. Ihr seid gute Freunde, und dieser Ritt hat euch zusammengeschweißt. Daraus folgere ich, daß du sie behalten willst. Aber wo willst du diese zugegeben entzückenden Tiere hinstellen?"

„Stimmt, das frage ich mich auch", Paps sah mich an, „so ein Pferd braucht Auslauf, Futter und einen Unterstand. Das Fohlen wird ja auch eines Tages erwachsen sein, dann hast du zwei Pferde unterzubringen und zu versorgen!"

Babs, Pitt und ich wechselten vergnügte Blicke.

„Alles erledigt", sagte ich.

„Stimmt das? Mir scheint, Mum, wir haben ein Kind in die Ferien geschickt und bekommen eine recht selbständige junge Frau zurück. Schieß los, Kris, was planst du?"

„Also, was das Versorgen angeht, das mache ich ganz allein! Es ist nicht nur eine Drei-Wochen-Begeisterung, bestimmt nicht. Ihr könnt mir glauben, daß ich mich um sie kümmere, bis sie oder ich diese Welt verlassen! Ich verspreche es euch!"

„Das wäre das Wenigste! Daß du bei Tieren durchhältst, wissen wir. Aber das Futter..."

„Dank der großzügigen Hilfe von Barbara und Peter Sonntag und Herrn Edwin Mößnert haben Midi und Filou einen Stall, eine große Weide und auch Heu. Was sagt ihr dazu?"

Mum schüttelte verblüfft den Kopf.

„Da soll doch gleich... Wie habt ihr das denn angestellt? Alles, Futter, Weide und Stall gesichert? Gut, mein Kind. Unter diesen Umständen habe ich nur eine Bedingung", erklärte Paps.

„Ja?"

„Ich darf Filou, wenn er erwachsen ist, manchmal reiten!"

Jipp, jipp... Paps mußte sich einige begeisterte Umarmungen und Bussis gefallen lassen.

„Nun haben wir also zwei neue Familienmitglieder", stellte Mum fest. „Hättet ihr die Güte, uns die Behausung der beiden Pferde vorzuführen?"

Es folgte ein Aufbruch der Nation, sprich: wir marschierten alle zusammen in Richtung Wiese.

Paps ließ es sich nicht nehmen, Midi zu führen. Als ich deshalb Filou am Halfter nehmen wollte, entriß ihn mir meine Mutter. „Der Kleine hier und ich, wir sind schon gute Freunde, den kriegst du nicht so schnell wieder." Er folgte ihr fügsam.

So hatte ich zwar kein Pferd am Strick, dafür aber ein „Herz voller Glück", wie man so schön sagt.

Wer hätte gedacht, daß alles so einfach sein würde? Midi und Filou kamen, wurden gesehen und siegten! Mir entfuhren einige schrille Freudenschreie.

Babsi sah mich mit einem „du-arme-Irre"-Blick an. Aber ich lachte nur. Verrückte muß man lassen, sonst sterben sie aus, und ich fühlte mich nicht nach Aussterben, sondern danach, die Welt auf den Kopf zu stellen. Weil das zu lange gedauert hätte, stellte ich mich vorerst selbst auf den Kopf.

Filou sah meine Freudensprünge, er zerrte am Strick und wollte mitspringen. Wir hatten ja auch Grund genug.

Nach einem langen Marsch erwartete uns Bauer Mößnert mit breitem Grinsen bei der Wiese. Über dem geöffneten Scheunentor glänzte ein Schild: *Herzlich willkommen!*

Wir ließen alle vier, Midi, Filou, Bastian und Olli, auf den Auslauf an der Scheune. In übermütigen Sprüngen tobten sie sich aus und trabten schließlich in die Scheune. Dort stellten sie sich friedlich nebeneinander und knabberten am Heu.

„Du, Kris", Babsi stupste mich an der Schulter, „der Besitzer von Ollis Stall hat gesagt, er wolle keine zwei Pferde einstellen. Ist es dir recht, wenn wir die Nebenweide pachten, einzäunen und dann ein Reiterleben zu dritt veranstalten? Wir bauen uns auch einen Stall!“

„Wieso Stall?“ unterbrach ich sie. „Die Scheune ist doch groß genug für alle vier. Wenn ihr die Wiese daneben mietet, erweitern wir den Auslauf und haben wirklich große Weiden. Klasse, Babs, das gibt eine richtige Pferdekommune!“

Pitt nickte. „Morgens füttert einer von uns, und nachmittags kommen alle drei zum Reiten, Putzen und Misten. Das wird super! Wenn wir nicht so viel Zeit haben, können alle vier auf die Weide, sie ist ja riesig!“

„Wir können noch viel machen“, fuhr Babsi fort, und ich nickte, hingerissen von der Idee.

„Klar!“ sagte Pitt. „Wir können den Bach zur Pferdeschwemme aufstauen und so weiter. Ja, Leute, das Leben ist lebenswert, solange man Pläne hat. Und an Zeit fehlt's auch nicht. Die Ferien sind ja noch lange nicht zu Ende!“

PS: Von nun an lebten Pferde und Reiter glücklich und in Frieden... und wenn sie nicht gestorben sind, dann reiten sie noch heute.

CIP-Titelaufnahme der Deutschen Bibliothek

Dillenburger, Katrin:
Wir reiten, Midi!: e. Mädchen, 2 Pferde u. viele Kilometer /
Katrin Dillenburger. – Neubearb. – München: F. Schneider, 1988
ISBN 3-505-09944-9

Hrsg. Helga Wegener-Olbricht

Schneider Buch

© 1989 für die deutsche Ausgabe
by Franz Schneider Verlag GmbH
8000 München 40 · Frankfurter Ring 150
Alle Rechte dieser Ausgabe vorbehalten
Neubearbeitung der Schweizer Ausgabe
Originaltitel: Midi – wir reiten!
© 1975 by Albert Müller Verlag, Rüschlikon-Zürich
Umschlagbild: Ines Vaders, München
Umschlaggestaltung: Claudia Böhmer, München
Lektorat: Helga Wegener-Olbricht
Herstellung: Brigitte Matschl
Satz/Druck: Presse-Druck Augsburg
ISBN: 3 505 0 9944-9

Die schönsten Pferdebücher
Eine Auswahl

Balch, Glenn
King, König der wilden Pferde

Caspari, Tina
Das rote Fohlen

Coakes, Marion
Das Pferd, das nur für Susan sprang

Dick, Sieglinde
Ich liebe alle Pferde

Dickens, Monica
Meine Pferde – meine Freude

Dickenson, Christine
Ein Pferd für den Frühling

Dillenburger, Katrin
Wir reiten, Midi!

Forster, Logan
Sturmwolke

Grotkop, Edith
Kleine Pferde zum Liebhaben

Hall, Lynn
Das weiße Pony

Langenstein, Danica
Wanja, ein russischer Hengst

Makin, Irene
Die Rettung der Ponys

Pabel, Andrea
Außerdem ist Frühling

Pabel, Andrea
Freica heißt mein freches Pony

Pfleiderer, Milli
Komm mit zum Voltigieren!

Pullein-Thompson, Christine
Die Stunde der Pferde

Pullein-Thompson, Diana
Ein Pony namens Cassidy

Rösener, Inge
Alle lieben Lord

Stranger, Joyce
Das Glückszeichen

Stranger, Joyce
Das Pony in den Dünen

TINA CASPARI

Das rote Fohlen

Für das Mädchen Franziska auf dem großen Gutshof ist dies die schönste Stunde des Tages, denn jetzt werden die Pferde von der Koppel zurückkommen. Und da steigt eine Staubwolke auf dem Weg beim Remontenstall auf. Sie kommen! Über hundert Jungpferde traben dichtgedrängt heran – kohlschwarz glänzende Rappen, hell leuchtende Schimmel, goldfarbene Braune und Füchse, deren Fell in der Abendsonne rot schimmert. Peitschenknallen, Hufgetrappel und helles Wiehern erfüllen die Luft; der Hof ist voller durcheinanderquirlender, schöner, junger Pferde.

Das Besondere dieses Buches
Die versunkene Welt eines großen ostpreußischen Gestüts um die Jahrhundertwende läßt die beliebte Autorin Tina Caspari wieder lebendig werden.

Schneider-Buch